法治驿站上的那人那事

FAZHI YIZHAN SHANGDE NAREN NASHI

任生林◎著

中国政法大学出版社

2023·北京

图书在版编目（ＣＩＰ）数据

法治驿站上的那人那事 / 任生林著.—北京：中国政法大学出版社，2023.10
ISBN 978-7-5764-0134-9

Ⅰ.①法… Ⅱ.①任… Ⅲ.①法制史－中国－古代－文集 Ⅳ.①D929-53

中国国家版本馆CIP数据核字(2023)第196789号

出 版 者　中国政法大学出版社
责任编辑　刘晶晶
地　　址　北京市海淀区西土城路 25 号
邮　　箱　fadapress@163.com
网　　址　http://www.cuplpress.com (网络实名：中国政法大学出版社)
电　　话　010-58908524(第六编辑部) 58908334(邮购部)
承　　印　固安华明印业有限公司
开　　本　720mm×960mm　1/16
印　　张　13.75
字　　数　210 千字
版　　次　2023 年 10 月第 1 版
印　　次　2023 年 10 月第 1 次印刷
印　　数　1~1500 册
定　　价　79.00 元

在山西出生、成长和工作而暂离山西的人，常常有山西意识。在北京大学读过书、任过教的人，常常有燕园意识。在法律界和法学界沉浸的人，往往有法治意识。在 20 世纪八十年代感受过岁月之冶和时代之魅的人，往往有八十年代意识。

山西意识是一种融合了对古典的追慕、对风俗的感悟、对生活的怀念、对人的感恩的眷恋式情感，也往往提供一种古今比较的问题意识。之所以形成这一情感和意识，是因为山西作为古地，存留着如同后凋松柏一般韧性的硬件与软件文化，存留着根脉和水源，存留着土地与白雪红椒的美景，存留着生活方式与人群交流中的淳朴浓郁。人世间本来美丑并在，但是暂离山西时，回想起来的常常是美好。这种选择性记忆，固然源于趋乐避苦的乐感文化，但同样基于作为五千年文明标本之山西的熏陶。山西意识的核心，是古典感。

燕园意识是一种现实世界对理想世界的回顾与憧憬。平静有时向往壮丽，苦难常常向往快乐，现实的夜晚常常期待理想的黎明。理想使人不绝望，所以即使艰辛，人也要营造这样一个理想的世界，或者确立或附着一个理想式的人甚至物。燕园的意义在于，它真实存在于燕园人的经历中，更由于北京大学与燕京大学的校史融合，而收获了博雅塔与未名湖的理想世界现实化的景观。这是一个人们记忆中青春、书香、思想综合栖居的世界，照耀经历者的后续人生。就像其他学校的人之于珞珈山、歌乐山。中国文化中有着对天与地信仰般崇敬的古老情感。山水和契合山水的景观与建筑，构成了人的家园与寄托。而有些金子般的地方构成了理想性的寄托。燕园意识的核心，是理想感。

法治意识是一种平衡和信守规则、秩序与自由的觉醒与热爱。法治本应是一种常识，但是长期以来并不算常识，可见发现和守护常识反而是一件不寻常的事。这就好像取火和食物加盐也是常识，但却是万年历程中人类幸而获得的根本生存之道，扭转了一个人群和整个人类的生存状态甚至历史进程。法治意识就像骑车或者游泳，后者作为技能，学会就忘不了；前者作为思维和情感，感悟到就不能舍、不会舍、舍不得。法治从一个理性判断，进而成为一个人的直觉，成为一群人、所有人的理性觉醒，成为面向未来的社会准则。法治意识共同体的人具备理性、性情平稳、判断讲求逻辑，既遵循规则，又维护活力秩序，还保持青春朝气般的自由精神。法治意识的核心，是理性感。

八十年代意识是一种勇于改革、拥抱世界、迈向现代的奔跑动感。尤其是八十年代就读大学的那一代人，作为我的前辈，更是尽情呼吸了世界吹来的海潮气息，感受了流行歌曲的诸多启示，饱饮了反思和深思之后的现代思想与现代学术方法的活水。战国争鸣、文艺复兴、五四后的青年跃动是传说，八十年代则是现实，现实让传说栩栩如生、回归现实。八十年代的大学生是后来所有大学生的"大师兄"，因为在他们的平凡而不平淡的世界里，感悟开放，也感悟内心所筑起的个体意识、权利意识、现代意识的围城。他们的历史对比感悟最深、个体感与家国感的融合最深、所感知的历史变动感最强、所意识到的使命感最大。在这个意义上，八十年代早已过去，八十年代意识却需要持续呵护和培育。八十年代意识的核心，是现代感。

我的山西前辈任生林先生，作为八十年代就读北京大学法律系，长期担任省院法官和省外法学教授的时代奔跑者，恰兼具山西意识、燕园意识、法治意识和八十年代意识，每篇文字都单一或综合地呈现着这四种意识所表达的古典感、理想感、理性感、现代感。任生林先生《法治驿站上的那人那事》成书，嘱我为序，虽不敢当，但不敢辞，乃敬为此序，书我所感，奉为馨香。

后学　董彦斌

2023 年 8 月 10 日傍晚

于西南政法大学宝圣湖校区

自 序 AUTHOR'S PREFACE

20 世纪 80 年代初，在北大法律系求学时，缘于对历史的喜欢，对中国法制史和中国法律思想史产生了浓厚兴趣，一节不拉地认真聆听了曹三明和李贵连两位老师的课，系统地学习教材，课余到图书馆借阅张晋藩、张国华教授的一些著作，整整学习两年时间，对我国历史上重要的法治事件、法治思想以及法典有所了解，算是初步打下了法史基础。参加工作后，长期从事法院文字材料工作，时常接触一些历史法治事件和法治思想，阅读这方面书籍，探讨有关内容，增添了不少功力。

我国著名诗人、学者、山西省人大原副主任李玉臻先生退休后醉心于史料研究，对我国古代文史有极深的造诣，出版《读印随笔》《碧落碑考》《张伯驹身世钩沉》等书籍。五年前，他积极组织相关人员撰写《山西法治史话》，对山西历史上的法治人物、法治思想和法治事件考察整理，撰写文章，结集出版，以期弘扬法治文化。李先生对我比较了解，便嘱托我撰写荀子、李悝、狄仁杰、杨深秀、冀贡泉等人的法治文章，正好与我的兴趣吻合。于是，我将其作为学习提高的难得机会，作为检验自己能力的治学过程。

撰写史料文章，仅靠查找资料存在很多缺陷，一是年代久远，记载不清，存在以讹传讹，容易出错；二是文字晦涩难懂，可读性较差。要想撰写出高质量的文章，必须亲自考察核实，弄懂弄透，才对得起历史，对得起读者。我利用业余时间，亲自到历史人物的出生地、墓茔、故居、纪念馆，考查生平事迹、民间传说、著述情况以及与人交往故事，再到图书馆、博物馆核对资料，然后才构思写作。为增加文章的可读性，尝试采取散文的体裁，运用文学语言，将自身的体验与历史人物的法治思想和法治事件相融合，有感而发，这样的文章才更有亲切感和说服力。前些年，基本跑遍了山西境内历史法治人物的故居、墓茔、纪念馆，结合亲身体验，撰写李悝、贾充、柳宗元、白居易、侯马盟书、王用宾、冀贡泉、彭真、张友渔等十几篇文章。

最近几年，结合自己的兴趣爱好，拓展到全国范围，先后考察了三十多个法治人物，古代的法治人物集中在山西、陕西、河南、河北、山东和北京、天津等地区，近现代则在广东、湖南、湖北、江苏、安徽、浙江、福建以及上海等沿海和南方省市，也证明了文化状况与经济发展的正向关系。我前前后后撰写了60多篇文章，最终选了55篇，其中历史人物法治思想26篇，涵盖历代主要人物法治思想，如荀子、韩非子、董仲舒、程颢、朱熹、黄宗羲、王夫之，以及近现代郑观应、康有为、梁启超、孙中山、章太炎等；法治人物与律典故事9篇，包括李悝与《法经》、萧何与《九章律》、贾充与《晋律》、长孙无忌与《唐律疏议》、窦仪与《宋刑统》、何荣祖与元律、朱元璋与《大明律》等；法治事件9篇，有侯马盟书、狄仁杰断案、宋慈与《洗冤沉录》、明朝李福达案件、清朝孙嘉淦上书、民国郁曼陀事件等。新中国成立后，人物法治思想以及作者和法学界、司法界大咖以法相交的11篇，如董必武、彭真、张友渔、梁慧星等。由于种种原因，有几个法治人物思想没能写成，引为憾事。

这些年之所以坚持下来，要特别感谢《山西市场导报》总编韩锡璋先生和《山西晚报》副刊部主任白洁女士，韩总编为我建了个专栏《法治驿站上的那人那事》，不管文章写得怎样，写得长短，一律刊登，使我充满继续写下去的勇气。白洁主任专门开辟了"今说古法——一个法官对古代法律的解读"一栏，连续刊登三十多篇，让我备感温馨。

回首几年来的写作心得，感觉写好史料文章，努力要把握好"四性"：史料性、亲历性、学术性和文学性，做到"三个结合"：史料性和亲历性结合、史料性与学术性结合、史料性与文学性结合。

一、史料性和亲历性相结合。本书收录的文章大多是古代法治人物思想、法治事件和重要法典，年代久远，许多记载片言只语，不准确、不全面，甚至错误。大家都知道韩愈、柳宗元、白居易、苏轼是著名文学家，殊不知他们还是法学家、思想家，而且有诸多论述。这是我到故居和纪念馆考察后才发现的。他们的主业是做官，副业才是写文章。一些被贬至地方后，审理了大量刑事、民事案件，对朝廷的法律相当熟稔，结合办案撰写许多法律文章，凝结了其法治思考。于是，我撰写了《主张圣人制刑的韩愈》《以民为本的柳宗元》《迭相为用的白居易》《因法便民的苏轼》等文章。又比如丘浚是明朝著名的理学家、史学家和经济学家，在参观其故居后，才发现他还是法学家，对法律有全面深刻的论述，撰写了《丘浚力主慎刑恤刑》一文。一些教科书将"丘浚"写为"丘濬"，有的学者认为是变体字，经考证两个字通用，都念"jun"。再比如王夫之，他是明末清初的伟大思想家，也是法学家，对法学有许多重要论述。为了厘清他的思想脉络，大年初二赴湖南衡阳，考察王夫之纪念馆、出生地、晚年写作的居住地，了解生平事迹，发现其祖籍是太原王氏，源远流长，元末时先祖移居江苏高邮，祖父时迁至湖南衡阳，一生经历了亡国、破家、被害、流亡，在经历生离死别，积累丰富的素材后，深入思考，才能迸发出振聋发聩的法治思想。再比如，清朝康熙年间，有两个于成龙，一个是山西离石的，一个是辽宁盖州的，有的学者相混淆，将事迹张冠李戴，误导读者。我考察后，特意写了《同为执法官 一朝两成龙》短文，以正视听。

二、史料性与学术性相结合。对古代法治人物和法治事件，史书只是一些叙述性记载，没有论述或者论述不多。我在考察的基础上，对人物、事件和法典详细阐述，提出了一些自己的观点和见解。我国最早的成文法典《法经》，只记载主要内容，没有详细评述。根据考察的情况，参考学界最新研究成果，进行全面论述。关于《晋律》，过去学界对其评价不高，没有充分肯定其价值。其实，《晋律》在贾充统领下经过杜预、张斐等法学家们的激烈讨论后，历时四载才完成，实现了法律的儒家化和律令的体系化，从而奠定了中华法系的基本格局和精神气质，成为唐律制定的蓝本。我国封建正统的法律思想经历几个阶段才最终形成，是有时代轨迹的。从孔子、孟子、荀子的儒家原生态法律观，到董仲舒将儒、道、法以及阴阳家学说融合在一起形成引经决狱论，再到韩愈倡导的道统学说，直至朱程理学指导下的德治人治理论，最终形成中华法系一套完整的法律思想体系。《大明律》和《大清律》正是在此基础上制定的，充分体现了我国封建正统法律思想的精髓。

三、史料性与文学性相结合。写史料性文章，文字晦涩难懂，内容枯燥无味，不易为大众所接受。为了增加可读性，我学习借鉴余秋雨文化历史散文的写作经验，尝试使用散文体裁，描述亲身经历的事儿，与法治思想文化相融合，由浅入深，循循善诱，不超过三千字，短小精悍，增加一些口语，便于读者阅读理解。我将这种题材戏称为"法律散文"。从历史上看，一些法学家同时也是文学家，他们留有数量众多的诗文，抒发高洁志向，寄托人生情怀。将他们的诗词与法治思想融合在一起，探讨法治思想产生的根源、发展轨迹以及意义影响，可以更好地引起读者的共鸣。其实，法律和文学是分不开的，都是关于人的学问，文学关注的主要是人的个性，而法学关注的是人的社会性，角度不同而已，有着千丝万缕的联系。李玉臻先生曾说过："文学家只有深谙法理，才能写出真正深刻而感人的传世作品；法学家具有深厚的文学修养才能在法律事业上达到出色的成就。"前者如韩愈、柳宗元、白居易、苏轼等，后者如朱熹、丘浚、王夫之、梁启超、郁曼陀等。他们既是著名的文学家，又是出色的法学家，在我国思想文化史上做出了巨大贡献，值得后世景仰。

"得暇诗书休释手，先公法律自治身。"早在南宋时，理学家陈宓任安溪知县时就对法律与文学的辩证关系做出了透彻的论述，既要诗书在手，修身养性，又要以法治世，用法束身，才能治国理政，成就一番事业。

是为自序。

任生林

于癸卯初夏珠海寓所

目　录

二

四

隆礼乎？重法乎？

　　深秋时节，徜徉在太岳山里，一眼望不到头的森林，茂密苍翠，层林尽染，变成了五彩缤纷的世界。山腰间坐落着宏伟壮观的庙宇，前面矗立着一座巨大的汉白玉雕像，高大挺拔，威严肃穆。这就是战国时期著名思想家、政论家荀子。伫立在雕像前，心潮起伏，思绪万千。这里方圆几百里的原始森林，地下藏有滚滚乌金，前些年竟然未遭破坏，实属不易。广袤无垠的太岳山蕴育出荀子这样的杰出人物，他博采众长，吸收诸子学说的精华，终成儒家学说的集大成者。司马迁在《史记》中就有《孟子荀卿列传》，载有荀子的生平事迹和思想学说。可以说，荀子是三晋大地走出的巨人，是表里山河的骄傲。

　　荀子，名况，字卿，生于公元前313年，卒于公元前238年，赵国人。青年游学秦国、齐国、楚国，曾三次出任齐国稷下学宫的祭酒，与诸子百家辩论，展现出渊博学识和精辟见解，为他赢得了巨大声誉。

　　荀况的著作收录在《荀子》一书，现存32篇，涉及哲学、政治、道德、教育等多方面的内容。在自然观上，他认为"天行有常，不为尧存，不为桀亡"，肯定自然规律不以人的意志为转移。他说："天有常道矣，地有常数矣，君子有常体矣。"天有恒定的规律，地有恒定的法则，君子有恒定的价值观和道德规范。在人性问题上，他主张性恶论，与孟子的性善论有明显区别，强调后天环境和教育对人的影响。他说："人之性恶，其善者伪也。"现在性善的人，都是后天感化教育的结果。他很重视礼的作用，认为："人无礼则不生，事无礼则不成，国无礼则不宁。"在政治方面，宣扬儒家的王道思想，提倡平政爱民，主张礼义和仁政。

　　他不仅对哲学、道德、政治有巨大贡献，而且对法律有相当深刻的见解和论述。荀子的法治思想建立在人性恶的基础上，这是对孟子"性本善"思想的重要修正。他认为："治之经，礼与刑。"治理好国家的关键，在于礼义和法制。又说"隆礼至法，则国有常"。把法纳入广义礼的范畴，主张礼法并举。他说："至道大形，隆礼至法则国有常，尚贤使能则民知方，纂论公察则民不疑，赏克罚偷则民不怠，兼听齐明则天下归之。"通过尚贤使能、纂论公察、赏克罚偷、兼听齐明的礼法举措，把两者紧密结合在一起，得出隆礼重法，国家才能大治的观点。

在《荀子》中常将德刑礼法相提并论。《性恶篇》提出："古者圣人以人之性恶，以为偏险而不正，悖乱而不治，故为之立君上之势以临之，明礼义以化之，起法政以治之，重刑罚以禁之，使天下皆出于治，合于善。此圣王之治而礼义之化也。"[1]他认为刑罚是必要的，还必须是称刑。在《正论篇》中说过："刑称罪则治，不称罪则乱。故治则刑重，乱则刑轻。"[2]他言礼，同时言法，有时礼法连称。如《王霸篇》说："是百王之所同也，而礼法之大分也。"[3]有时以礼义与法度对举。如《性恶篇》云："圣人积思虑，习伪故，以生礼义而起法度。然则礼仪法度者，是生于圣人之伪，非故生于人之性也。"[4]

作为儒家衣钵的继承者，荀子仍然重视人治的作用。在外王之治上虽重视法，但在效用上毕竟与德礼大异。法治与人治两者择其一时，他仍然强调人治的重要。他说："有良法而乱者有之矣，有君子而乱者，自古及今，未尝闻也。"又说："有乱君，无乱国；有治人，无治法。"荀子对德与法的观点，仍保有孔子、孟子以德为重的倾向。他认为法源于君子，立法的源泉在于明睿的政治领袖。礼是荀子思想的主轴，法对适应新的社会和政治需要，同样是不可或缺的。

我国台湾学者黄源盛认为，在荀子思想体系里，法是礼的一个构成元素，或者说"法"顶多是"礼"的下位规范而已。

---

[1]（清）王先谦撰，沈啸寰、王星贤整理：《荀子集解》，中华书局2012年版，第425页。
[2]（清）王先谦撰，沈啸寰、王星贤整理：《荀子集解》，中华书局2012年版，第320页。
[3]（清）王先谦撰，沈啸寰、王星贤整理：《荀子集解》，中华书局2012年版，第217页。
[4]（清）王先谦撰，沈啸寰、王星贤整理：《荀子集解》，中华书局2012年版，第423页。

在两千多年前的战国时期，荀子能有这样深刻的见解，非常难能可贵。荀子的法治思想后来被他的弟子韩非子和李斯继承发展，进一步强调法在治国理政中的重要性，成为独树一帜的学派——法家。法家的思想被秦始皇接受，成为秦国的指导思想。秦统一六国，实现了中华帝国的梦想。但是过分强调法的作用，不重视礼的教化作用，导致二世而亡。痛定思痛，汉高祖刘邦建国后，采用道家的休养生息、无为而治的国策，才出现了"文景之治"。又过了几十年，汉武帝采纳董仲舒的建议，"罢黜百家，独尊儒术"成为新的国策，开启了长达两千多年的统治时期。虽然中间也出现道教、佛教统治，但毕竟短暂，后来儒教、道教、佛教相互融合，三者合而为一，形成了儒教为主，道教、佛教为辅的统治模式。现在各地许多庙宇里，供奉着孔子、老子、释迦牟尼的三尊像，便是历史的真实反映。

荀子还是一位杰出的教育家，三次出任当时颇负盛名的稷下学宫的祭酒，培养了一批学者，其中韩非子和李斯最为有名。他还著有千古传诵的《劝学篇》，滋润和激励了千百年来多少莘莘学子。"青，取之于蓝而青于蓝；冰，水为之，而寒于水……[1]"

为了更好地宣传荀子，安泽县从 2006 年起，每年 10 月份举办荀子文化节，内容丰富多彩，至今已有十多年了，吸引了全国各地专家学者和广大旅游爱好者前往。这一活动，不仅扩大了荀子的影响力，传播了荀子的思想，而且提高了安泽县的知名度，增加了当地财政收入。一举多得，何乐而不为呢？！在荀子的安息地山东省兰陵县也举办类似活动。

近些年，各地都举办孔子、孟子、老子等名人文化节，有的甚至请专家学者论证，争抢名人故里。这些活动，对于我们弘扬中华民族优秀的传统文化，弘扬正能量，提高国人素养，起着潜移默化的作用。

---

〔1〕 （清）王先谦撰，沈啸寰、王星贤整理：《荀子集解》，中华书局 2012 年版，第 1 页。

法术势结合的韩非子

当自己的一套理论不被本国采纳，反而被邻国使用，用以攻打本国时，那是一种怎样的感受？

战国末期的韩非子就处于这样境地。他本是韩国一个王子，从小异常聪慧，喜欢钻研，师从荀子大师，又和李斯同窗，拥有一身才华。几次上书韩王并驱车面谏，不被采纳。郁郁不得志的他回到家乡闭门著书，把所思所想写成《孤愤》《五蠹》等文章。李斯带给秦王，秦王看后感叹："嗟乎，寡人得见此人与之游，死不恨矣？"便通过李斯邀请他到秦国，成为秦王的座上宾。因不满姚贾进为上卿，诽谤嬴政，他被姚贾进谗陷害，后被迫服毒自杀。他的著作收集在《韩非子》一书中。

在先秦法家中，韩非子是个奇才，善于观察思考，归纳提炼。他对商鞅的"重法"、慎到的"重势"和申不害的"重术"等理论深入研究后，把三者精华加以总结，提炼出"以法为本"、法术势相结合的思想，形成完整的理论体系，从而成为法家的集大成者。

韩非子非常重视法的作用，认为法是君王维护统治的治本之策，是实现富国强兵的根本，是判断言行是非和赏罚的唯一标准。"明主之国，令者，言最贵者也；法者，事最适者也。言无二贵，法不两适，故言行而不轨于法令者必禁。"他鲜明地提出："奉法者强，则国强；奉法者弱，则国弱。"成为后世治国理政的至理名言。他主张以法治国，反对儒家的贤人政治，认为历史上的贤君和暴君都是千世不一出，绝大多数君主都是"中人"，认识可谓深刻到位。他提出"明主之法必详细""法莫如显"，法条要具体详细，最好公开，让臣民知道，以便遵守。更可贵的是他提出"法不阿贵"，最早主张法律面前人人平等，"法之所加，智者弗能辞，勇者弗敢争。刑不避大臣，赏不遗匹夫"。法律在所有人面前都是平等的，法律高于一切，任何人都不得违反。他还提出官吏执行法律，只能因循照办，不得任意释法，更不可离法自行其是。

只有法不足以治国，还必须有术和势。术是君主掌握政权、贯彻法令、防止臣下阴谋篡权的策略和手段。韩非子提出"法术皆帝王不可一无之具"，把君臣之间的关系看作"上下一日百战"，每天像打仗一样，君臣之间互不信任。为了驾驭臣下，必须学会权术，并把权术分为三类：一是阳术，"因任而授官、循名而责实"。按才能授官，按规定考核官吏。这是治国理政的正道；二是阴术，潜御君臣，"倒言反事"，试探臣下用反语，"挟知而问"，知道的事装作不知道，试探臣下的忠心。这是控制部属的阴谋术；三是介于上面两类之间的权术，"君道无为、臣道有为"。君王不做任何事情，不暴露个人好恶，防止臣下投其所好，猜测君王的意图。具体工作交给臣下去做，做好了君王贤明；做不好臣下有错。他总结为"有功则君有其贤，有过则臣服其罪"。

势指君王的权势权威。韩非子提出"抱法处势则治"。权势对君王来说太重要了，如果无势，就不能发号施令，不能行赏施罚。法不能离开势，势也不能离开法，抱法处势就是最好的方法。他还强调君主必须独擅势，如果臣下独擅势，君王就会大权旁落。"势在君则制臣，在臣则胜君。"

韩非子的理论建立在"趋利避害"的人性论和"法与时转则治"的历史观上。他否认儒家宣扬的仁义道德和推崇的道德高尚的圣人，当今之世是一个生存竞争的时代，"人民众而货财寡，事力劳而供养薄"。人的本性又是"皆挟自为心"，在自为心的支配下，人人损人利己。在官场上君臣之间也是买卖关系，"臣尽死力以与君市，君垂爵禄以与臣市"。在这种相互争夺的混乱局面下，只有用国家和法律才能禁暴止乱，维持社会秩序。国家不能务德，只能务法，只有威势才能禁暴，德厚不足以止乱。在实践层面上，他主张把礼、法分开，把"秘密法"改为"公开法"，把"礼不下庶人、刑不上大夫"变为"不殊贵贱，一断于法"，把"明德慎刑"改为"严刑峻法"，这种以法为本的统治手段，史称"法治"，实际上是"刑治"。韩非子过分强调法律的威慑作用，忽视了道德的教化作用，把法家思想推向极致，为专制主义中央集权国家的建立奠定理论基础。

当他的思想被秦始皇采纳后，对于加速六国灭亡，促进秦王朝统一，起到非常重要的作用。但由于不重视教化作用，执法过于严酷，激化了社会矛盾，导致农民起义，二世而亡，落了个刻薄寡恩的恶名声。秦王朝的命运，从实践上证明韩非子思想的式微。刘邦建立汉朝后，以黄老思想作为治国理政方针，这是对韩非子思想的矫枉过正。反思秦亡的深刻教训，贾谊写下著名的《过秦论》，实质上是对韩非子思想的反省，为后世留下了宝贵的精神财富。

韩非子是古代著名的思想家，生活在战国末期。虽然年代久远，但他的故里仍然有迹可循，在河南省西平县出山镇韩堂村——一个偏僻的小村庄。据传，韩非子不被韩王所用回到村里，发愤著书，在故里六载，写下十万余言，将政治主张和人生心得融入其中。著书之余，登临孤愤台望棠溪河东逝水，看剑城火映红天，仰天长叹"知我者唯棠溪也"。村里老人介绍，原来建有韩家祠堂，后迁到村北，破损于解放初期，大跃进时期改成礼堂，当时存有思辨碑记一块。韩家故居后来改成庙，再后来改做学校，也就是现在的韩堂小学。为了发展旅游业，村里建有韩非子石像，旁边立有石碑，介绍主人的生平事迹，刻有韩非子的名言警句。村里人们也以韩非子后人自豪，积极学习宣传韩非子的生平事迹和思想学说，使更多的人了解熟悉这位两千二百多年前的思想家。

主张春秋决狱的董仲舒

　　"甲父乙与丙争言相斗，丙以佩刀刺乙，甲即以杖击丙，误伤乙，甲当何论？或曰殴父也，当枭首。议曰：臣愚以父子至亲也，闻其斗，莫不有怵怅之心，扶杖而救之，非所以欲诟父也。《春秋》之义，许止父病，进药于其父而卒，君子原心，赦而不诛。甲非律所谓殴父，不当坐。"〔1〕这是《公羊董仲舒治狱》里记载的一个案例，以春秋经义作为断案的原则。父亲与别人争斗中，儿子为救父亲失手将父亲打伤。按照汉律，儿子打伤父亲，构成殴父罪，当枭首。董仲舒从春秋经义出发，认为父子是至亲，儿子没有杀父的主观动机，在争斗中不小心伤到父亲，不构成殴父罪，不应判处刑罚。

　　董仲舒根据《春秋》记载的"原情定过，赦事诛意"〔2〕确立了"论心定罪"的原则，强调犯罪的主观动机，主观归罪。"志善而违于法者免；志恶而合于法者诛。"内心是善良的，即使行为违法，也可赦免；内心是邪恶的，即使行为合法，也可诛杀。

　　再比如"夫死妻改嫁"的案子，按照汉律规定，丈夫死后，妻子擅自改嫁当弃市。董仲舒指出："臣愚以为，《春秋》之义，言夫人归于齐，言夫死无男，有更嫁之道也。妇人无专制擅恣之行，听从为顺，嫁之者归也。甲又尊者所嫁，无淫行之心，非私为人妻也。明于决事，皆无罪名，不当坐。"〔3〕以春秋经义为宗旨，对汉律的规定解读，认为丈夫死后没有儿子可以改嫁，况且按照母亲的意愿改嫁，没有败坏道德的动机和行为，不属于擅自改嫁，

---

〔1〕　黄源盛：《中国法史导论》，广西师范大学出版社 2014 年，第 193 页。
〔2〕　李贵连、李启成：《中国法律思想史》，北京大学出版社 2010 年版，第 102 页。
〔3〕　李贵连、李启成：《中国法律思想史》，北京大学出版社 2010 年版，第 102 页。

不应当处罚。您看法律效果和社会效果结合得多好啊！

为什么出现这种情况呢？我们知道，西汉初年实行的法律是萧何主持制定的《九章律》，基本上沿袭了《秦律》，以法家学说为指导思想，贯彻严刑峻法的理念，治理社会。到汉武帝时，采纳董仲舒的建议，"罢黜百家，独尊儒术"，使儒家的意识形态成为官方的指导思想，与汉律精神相左，断案中经常会出现矛盾和困惑。作为儒家知识分子，董仲舒提倡以儒家经典《春秋》的经义作为判案依据，裁决罪名，判处刑罚。他说："春秋之听狱也，必本其事，而原其心，志邪者不待成，首恶者罪特重，本直者其论轻。"根据案件事实推断行为人的主观动机，如果动机邪恶，其心不正，即使没有作案，也可治罪，首恶者更要从重处罚。否则，从轻处罚。这种"论心定罪"的主张强调考虑行为人的主观动机，与法家的"客观归罪"思想相比，可以弥补法律的不足，注重社会效果，具有一定的合理性。但是，这也为打击异己，滥用刑罚，打开方便之门。汉武帝时出现张汤、赵禹之流的酷吏，引经决狱，随意断案，造成许多冤假错案，便是"论心治罪"的产物。

春秋决狱在汉武帝后遂成为风气，很多司法案件都是从儒家经典中蕴含的思想里面抽象出具体原则进行处理的，程树德《九朝律考》一书中收录了20多个引经决狱的案例。

后来的学者们对引经决狱的做法评价褒贬不一，清末法学家沈家本持肯定态度，他指出："今观《决狱》之论断，极为平恕，迥非张汤、赵禹之残酷可比，使武帝时，治狱者皆能如此，酷吏传亦不必作矣。"章太炎、刘师培等学者则持否定态度，认为"独董仲舒为春秋折狱，引经附法，异夫道家儒人所为，则佞之徒也"。引经决狱为酷吏舞文弄法，媚于人主，提供了便利。

董仲舒还发展秋冬行刑的理论，指出："天有四时，王有四政，四政若四时，通类也，天人所同有也。庆为春，赏为夏，罚为秋，刑为冬。庆赏罚刑之不可不具也，如春夏秋冬不可不备也。庆赏罚刑，当其处不可不发，若暖清寒暑，当其时不可不出也。庆赏罚刑各有正处，如春夏秋冬各有时也。"认为天道有春夏秋冬四季，王道有庆赏罚刑四政，天人感应，相互匹配。春夏正是万物生长的季节，适宜庆赏，不可惩罚行刑，而秋冬万物肃杀，适宜罚刑，才可行刑杀人。统治者要顺应天意，庆赏罚刑不可违反天道四时变化。秋冬行刑理论成为封建社会正统法律思想的组成部分，对封建法制产生了深远影响，以后历代统治者都是在秋冬季节执行死刑的。

春秋决狱和秋冬行刑的思想并不是凭空想象出来的，而是有深刻的理论依据。董仲舒认为天生万物，人的本原在天，天是最高主宰。而皇帝是天的儿子，代表天意统治，天和人息息相关，为君权神授提供了理论依据。同时，运用阴阳五行限制君主的权力，使其不敢为所欲为。如果君主有过失，老天爷就会用灾异警告，使之有所收敛。"凡灾异之本，尽生于国家之失。"用灾异说强调君主背后还有天，君主利益之上还有天代表的公道正义，在皇权面前还有良心道义。这就是天人感应论。

在天人感应论的基础上发展出性三品说，董仲舒把人性分为上、中、下三品，分别为圣人之性、中民之性和斗筲之性，其中圣人之性属于上品，是道德楷模；斗筲之性属于下品，天生性恶，这两种人都是极端少数，而大多数人属于中民之性，通过教育感化使之向善。因此，教育的作用就非常重要。统治者需要用儒家的"三纲五常"教育感化中民之性，用君为臣纲、父为子纲、夫为妻纲，用仁义礼智信，调整规范社会和家庭秩序，确立等级社会，维护国家的长期统治。

同时，董仲舒还主张德主刑辅，任德不任刑。先秦儒法两家多从利益攸关和统治策略方面阐述德刑关系，带有很强的功利主义色彩。而董仲舒则把德刑关系和君臣关系上升到哲学高度，利用阴阳学说将德刑描绘成天经地义，只能顺而行之，不可逆之。德主刑辅和君权至上一同成为帝国的正统法律思想，具有更高的权威性。到唐朝发展为"德礼为政教之本，刑罚为政教之用"的指导思想，德主刑辅原则完全法律化、制度化了。

这一套理论正好顺应了汉武帝政治上大一统的需要，因此被采纳，成为西汉统治者的大政方针，罢黜百家，独尊儒术，"臣愚以为诸不在六艺之科孔子之术者，皆绝其道，勿使并进。邪辟之说灭息，然后统纪可一而法度可明，民知所从矣"。儒家经义成为国家的正统思想，影响此后两千多年的帝国统治。

董仲舒的这一套理论区别于孔孟创立的儒家哲学，被称为新儒学。它顺应了统治者的需要，有利于加强中央政权，打击地主豪强势力，缓和阶级矛盾，促进国家发展，在历史上发挥了巨大的积极作用，同时，也有负面影响，即其禁锢了人们的思想，阻碍了社会进步。

虽然在思想史上贡献显著，但其仕途并不顺遂。董仲舒（约公元前179年—前104年），广川（河北枣强）人，西汉重要的思想家，公羊学的代表人物。青年时代就学习钻研春秋公羊学，景帝时被任命为经学博士，武帝时连对三道策问，提出著名的天人三策，纵谈治国理政，深受赏识。其曾做过江都、胶西相，受主父偃、公孙弘等人排挤，遂辞病归家，专事治学著书，司马迁便是他著名的学生。由于声望卓著，朝廷每遇大事，必派使臣征求其意见。他著有《春秋繁露》，流传至今。

董仲舒逝世后，得到汉武帝的眷顾，被赐葬于长安下马陵。陵墓位于西安南城墙和平门内，唐、明朝修城墙时，得以保存，官吏军民到此下马，以示崇敬。现被列为省级重点文物保护单位，加以保护，供后人凭吊。

主张圣人制刑的韩愈

在美丽的韩江畔有一座祠堂，古朴典雅，端庄肃穆。拾级而上，进入山门，只见祠堂分为前后两进院落，旁带走廊。前院梁间挂满名家匾额，沿壁环列历代碑刻，其中不乏书法珍品。后院筑在比前院高几米的台基上，供奉着唐朝文学家、思想家韩愈塑像，堂上挂有对联："辟佛累千言，雪冷蓝关，从此儒风开岭娇；到官才八月，潮平鳄诸，于今香火遍瀛州。"对联恰是对韩文公在潮州贡献的真实写照。

韩愈作为大文豪，文学成就自不待言，古文运动的倡导者，"唐宋八大家之首"，"文起八代之衰，而道济天下之溺"，是对他的精准评价。他的政治法律思想同样光芒四射。唐元和十年（819年），作为刑部侍郎的韩愈因谏迎佛骨，触怒唐宪宗，被贬为潮州刺史。在流放的路上，对赶来同行的侄孙留下遗书般的诗句："一封朝奏九重天，夕贬潮阳路八千。欲为圣明除弊事，肯将衰朽惜残年。云横秦岭家何在？雪拥蓝关马不前。知汝远来应有意，好收吾骨瘴江边。"在潮州八个月的时间，他弃切肤之痛于不顾，将儒家积极入世的精神付诸为民办事的行动中，延师兴学，驱鳄除害，关心农桑，赎放奴婢，对当地发展起到了开化的功效。

八年的安史之乱，给社会造成巨大伤害，经济萧条，人民流离失所，佛道两教大行其道，加之皇帝倡导，全国寺观遍布，佛教之徒拥有政治经济特权，严重影响财政收入和社会稳定。作为一个有强烈家国情怀和忧患意识的文人，韩愈极力主张排斥佛道，倡导恢复儒家纲常名教和仁义道德，首次提出以弘扬儒家圣人之道和人文价值为核心的道统论，试图用儒家学说代替佛教、道教。他一生为之奔走呼号，复兴儒家思想，以高度的文化自觉应对佛道两教对儒家的挑战，延续发展儒家学说，开启了宋明程朱理学的先河。道统论成为其法律观的理论依据。

韩愈做过多年地方官,又担任监察御史、刑部侍郎等官职,对唐朝的法律制度有深刻感悟。从道统论出发,坚持儒家仁义道德,补充孟子、荀子的人性论,继承董仲舒的性三品说,形成了自己的法律观。他的政治法律思想体现在《原道》《原性》《原毁》《论佛骨表》等著作中。

在法律起源上,他主张顺应天意,圣人制刑。他认为法是道的体现,源于圣人的意识和行为。圣人是天生性善、道德高尚、完美无缺的伟人。他对尧舜禹推崇备至,认为是他们创造了人类社会,不但教给人们生养之道,使人们免除饥寒、疾病和灾难,而且创立礼乐诗书,教化民众,启发民众,还创制刑政,规范民众行为,使人们免于纷争,过上了有秩序的生活。他还宣扬天刑说,给法律披上神秘外衣,继承发展商朝的神权法思想,认为天有威灵,赏功而罚祸。人们应相信天是至高无上的,无所不能的,可以主宰世间的一切。如果违背了上天的意志,就会受到惩罚。天刑的目的在于让人们相信吉凶祸福都取决于天命,服从君主的统治。

在法与礼关系上,他主张"德礼为先、辅以政刑"[1],只有在德礼教化失去作用时,才使用刑罚。在《复仇状》中,韩文公认为,礼与法作为王教之端,是王政的两个侧面,复仇行为合乎礼,执行法律往往有损社会孝义信仰,不执行法律又会妨碍社会秩序。凡是遇到复仇案件,应兼顾礼法,将情况呈尚书省集体讨论处理决定。韩文公在当时就认识到礼、法、情之间的相互关系,反对就案办案,注重具体情况具体分析,做出符合实际情况的判决,难能可贵。

在民本问题上,韩愈关心民众疾苦,减轻赋税,改革弊政,通过法律打击与民争利的盐铁官卖,缓解社会矛盾。

人的思想观念大多和经历有密切关系,韩文公也不例外。三岁而孤,由兄嫂抚育,早年流离困顿,有读书经世之志。中道又失去兄长,多数时间寄人篱下,遍尝人间辛酸,养成坚毅自强的性格。弱冠之年赴长安科举考试,先后三次失败,并没有让他气馁,终于在 25 岁时登进士第。进入官场后,

---

〔1〕 参见王祥东:《韩愈、柳宗元、白居易法律思想之研究》,载《胜利油田示范专科学校学报》2000 年第 2 期,第 44 页。

又屡屡不顺，两入幕府，屡遭贬谪，皆因性格太刚太直，得罪人太多。直到随裴度出征淮西，凭功授职刑部侍郎。又因谏迎佛骨，言论尖锐，得罪皇帝，被贬为潮州刺史。他在潮八个月，放下个人荣辱得失，为民做了许多事情。潮州人民非常感念韩公，把笔架山改为韩山，把鳄溪改为韩江，江山为之改姓，古今少见，赢得生前身后名。现在当地还流传韩文公许多事迹。被贬潮州时，当地一条江里有很多吃人的鳄鱼，成为一害，鳄鱼不除，后患无穷。于是，韩文公命人在江边设坛，摆上祭品，对着滔滔江水，挥就《祭鳄鱼文》，喊道："鳄鱼，鳄鱼，韩某来这里做官，为的是能造福一方百姓。你们却在这里兴风作浪，现在限你们三天内，带同族出海，时间可以宽限到五天，甚至七天。如果七天还不走，绝对严惩。"用文人的办法对待凶猛的动物，竟然起了作用，从此再也没有发生过吃人的事情。人们把祭祀的地方称为韩埔，渡口称为韩渡，江则称为韩江。有一次，正逢潮州大雨，洪水泛滥，他到城外先察看水势，后看地形，吩咐随从紧跟他的马后，凡是马走过的地方都插上竹竿，作为堤线的标志。随后吩咐百姓，按照竿标筑堤。插了竹竿的地方拱出一条山脉，堵住北来的洪水，从此不再患水灾了。这座山后来称为"竹竿山"。

现在韩山、韩江和江上的桥以及潮州城楼，已经成为潮州的旅游胜地，国内外人们来到潮州欣赏美丽的山水，同时追慕韩文公的品德和深邃的思想，从中汲取精神力量。

以民为本的柳宗元

　　位于潇水河西岸的柳子街中央有一座柳子庙，是湖南永州人民为纪念唐朝文学家、思想家柳宗元而建的。庙背靠青山，面临愚溪，风景优美。庙为歇山顶式砖木结构，有戏台、中殿和后殿，内有柳宗元塑像和生平历史陈列。给人印象深刻的是许多石碑，刘养仕的《重修司马先生庙纪》、严嵩的《寻愚溪谒柳子庙》、王月照的《愚溪怀古》、王泮的《捕蛇歌》等，字迹工整、苍劲有力，记载和歌颂柳子的事迹。庙中最有特色的便是《荔子碑》，号称三绝，碑文为韩愈所撰，苏东坡书写，内容是颂扬柳宗元的。三位大家聚于一碑，能不绝乎！

　　柳子的文学风采众所周知，自不待言。他的思想光耀流长，惠及后人。主要体现在《封建论》《非国语》《时令论》《断刑论》《天说》《天对》等著作中。柳子是朴素唯物主义者，反对天符、天命、天道诸说，批判神学，强调人事，用人代替神。对董仲舒鼓吹的"夏商周三代受命之符"的符命说持否定态度，用朴素唯物主义解说天和人的关系。《封建论》是他著名的政治论文，论证封建制产生于势，历史上的治乱兴衰和制度变迁取决于历史发展的必然。针对分封制和郡县制两种制度之争，他认为社会历史是一个自然发展的过程，不以人们意志为转移，分封制暴露出严重弊端，郡县制能克服分封制的弊端，有优越性和进步性，因而极力支持。他主张任人唯贤，反对世袭特权，甚至认为天子在用人问题上有了错误也应改正。

　　民本思想是柳子的重要特点，把心系民众、符合民意作为实行圣人之道的基本要领。在官民关系上，认为"夫为吏者，人役也。役于人而食其力，可无报耶？""致其慈爱礼节、而去其欺伪凌暴，以惠斯人"。主张民贵吏轻，吏为民仆。地方官就是百姓的仆人，而不是使唤百姓的主人。他的民本思想继承和发展了孟子的思想，推崇仁政。柳子不主张强化君主集权，从秦汉至隋唐，君权变得越来越强大，也没有保障民众利益的机构和制度。君权的强势，使得官府在民众面前肆无忌惮，为所欲为。柳子曰："受命不于天，于其人；休符不于祥，于其仁。"认为君主的受命之符是仁德，是生人之意，而不是天命，批驳董仲舒的天人感应论。他还对地主官吏的横征暴敛大胆揭露，"苛政猛于虎也"便是心声。反映在政治上，他积极要求变革，参加永贞革新，虽然失败后被贬为永州司马，远离政治中心，但为之努力过，奋争过，付出自己的心血，赢得了后世尊敬。

从政治思想引发的法律思想和观点也值得借鉴。关于礼法关系，他认同"礼之所去，刑之所取，失礼则入刑，相为表里"。凡是违反礼的规定言论和行动，就是违法犯罪行为，应受到刑罚的制裁。对于德刑关系，继承和发展儒家的思想。《驳复仇议》记载：徐元庆为父报仇，杀死父亲仇人，然后到官府自首。[1]对此案审理，朝野意见不一，或曰诛之，或曰赦之。陈子昂认为杀人犯法应处死，而报父仇合乎礼义，不与法律相违背，应予以肯定和表彰。朝廷采纳陈子昂的意见，依法判处死刑，同时立碑设圃表彰。事隔百年之后，柳宗元提出不同意见，认为："臣闻礼之大本，以防乱也，若曰无为贼虐，凡为子者杀无赦，刑之大本，亦以防乱也，若曰无为贼虐，凡为理者杀无赦。其本则合，其用则异，旌与诛莫得而并焉。诛其可旌，兹谓滥，黩刑甚矣；旌其可诛，兹谓僭，坏礼其矣。果以是示于天下，传于后代，趋义者不知所向，违害者不知所以立，以是为典可乎"[2]明确提出礼与刑的关系是"其本则合，其用则异"。礼与刑在本质上是相同的，只是具体运用的对象和方法不一样，表彰与惩处不能同时运用在一件事情中。惩办应当表彰的，叫滥杀，亵渎刑罚尊严；反之，表彰应该惩处的，叫错赏，破坏礼仪规范。在此基础上提出"穷理以定赏罚，本情以正褒贬"的论断，主张厚德简刑，批判先秦法家的"任法而不贤，任刑而不尚德"，倡导儒家的中庸之道。

在刑罚惩治方面，柳先生主张彰善瘅恶、斩杀必当，认为天道既能生植万物，也能合万物受灾害。人道既有法制，也有悖乱。柳子云："生植与灾

---

〔1〕 谢水顺：《论柳宗元法律思想的特点》，载《法制博览（中旬刊）》2012年第6期，第19页。

〔2〕 谢水顺：《论柳宗元法律思想的特点》，载《法制博览（中旬刊）》2012年第6期，第19页。

荒皆天也；法制与悖乱，皆人也；二之而已，其事各行不行预。"法制是治理国家的重要手段，任务就是彰善瘅恶，判断是非曲直。又云："忠邪不可以并立，善恶不可以同道。"法必须赏善罚恶。针对唐朝中叶藩镇割据、政治腐败的局面，提出"申严百刑、斩杀必当"。对于藩镇割据势力，在举兵讨伐的同时，还要发挥法律的作用，做到微恶尽除，以杜后患。对于胁从者加强教育，"威暂行而德洽，诛才及而恩加"。赏罚分明，科刑必当，维护法律的尊严。

柳宗元还提出赏罚务速的观点，《断刑论》云："夫圣人之为赏罚者非他，所以惩劝者也；赏务速而后有劝，罚务速而后有惩。必曰赏以春夏，而刑以秋冬，而谓之至理者，伪也。使秋冬为善者，必俟春夏而后赏，则为善者之怠，为不善者懈，是驱天下之人而入于罪也。"赏罚及时得当，才能达到"刑之所以措而化之所有成"的目的，对根据天人感应说搞的"赏以春夏而刑以秋冬"的做法，予以批判。

柳子出生于京城长安的官宦人家，从小受到良好的教育，少年时遭遇建中之乱，对朝廷的腐败无能和社会动荡有切身体会。为躲避战乱，随母到父亲的任所夏口，亲历藩镇割据的战火。贞元年间，又随父到江西宦游，结友纳朋，参与社交，增长见识，对社会情况有所了解。能诗善文的父亲和信佛的母亲为他后来"统合儒佛"思想的形成奠定了基础。弱冠之年进士及第，迈入朝廷，他主张实行圣人之道，推行尧、舜、孔子的治国之道，身体力行利国安民之事。被贬为永州司马后，没有消沉，没有退缩，体察民情，研究经史，在永州的十年间撰写了大量诗文，在理论上也取得了重大建树，是他的思想形成并逐渐成熟的地方。毛泽东对柳宗元评价很高："柳子厚出入佛老，唯物主义，他的《天对》，从屈原的《天问》以来，几千年只有这一个人做了这么一篇。"章士钊也指出："取唯民主义以为政本，一切轻君而重民。"

诚然，柳子也崇尚佛学，与佛教徒广泛交往。在贬为永州司马的最初几年里一直寄居在资兴寺，当地和尚对他帮助很大，他对佛教完全接受，思想里存在一些消极的内容，不少作品含有牢骚、不满、悲伤、无奈和诉苦乞援，有为寻求精神解脱宣传佛道思想，如灵魂不灭、生死轮回、因果报应等。

柳子在文学和政治法律思想方面取得巨大成就，给后世留下了丰硕遗产，值得学习借鉴。苏东坡评价："所贵乎枯谈者，谓其外枯而中膏，似淡而实美，渊明、子厚之流是也。"欧阳修亦云："天于生子厚，禀予独艰哉。超凌骤拔擢，过盛辄伤摧。苦其危虑心，常使鸣心哀。投以空旷地，纵横放天才。山穷与水险，上下极回洄。故其于文章，出语多崔嵬。"评价可谓精准到位，入木三分。

近年来，随着国家实力的增强，人民生活水平的提高，民间对柳子的学术思想研究如火如荼，湖南、广西、山西等地的大学轮流举办柳子学术思想研讨会，已有十数载，还邀请国外学者参加，产生一批学术研究成果，扩大了柳子的影响。

如果说永州是柳子民本思想萌芽并逐渐成熟的地方，那么柳州则是民本思想付诸实践的地方，两者在思想上是一脉相承的。在柳州刺史四年任内，他释放奴婢，兴办学堂，开凿水井，植树造林，整治街巷，修筑庙宇，促进当地经济社会发展。柳州人民永远怀念他。永州建有柳子庙，柳州建有柳侯祠和柳宗元衣冠墓，供后人凭吊纪念。

时下，适逢国家大力发展旅游之机，永、柳两地更是把柳子作为宣传旅游的金字招牌，修建纪念设施，召开研讨会，出版书籍，提高知名度，促进经济发展。两全其美，何不乐哉！

迭相为用的白居易

在山清水秀的伊河河畔，不仅有历史悠久、闻名遐迩的龙门石窟，还坐落着为纪念唐朝大诗人白居易的白园。

盛夏时节，为找寻诗人的足迹，携友来到美丽灵动的白园。进入园内，拾级而上，山腰有亭，名曰"听伊"，是白大师晚年与元稹、刘禹锡等好友品茗论诗之处。出听伊亭再上，不远处，在危岩翠柏中映入眼帘的是一处古朴典雅的阁庐，题额"乐天堂"，堂内有汉白玉雕成的白大师塑像，素衣鸠杖，栩栩如生，一副飘然欲仙的神态。出门再拾级而上，就到琵琶峰顶了，森森翠柏丛中有一座砖砌矮墙围成圆形的墓冢，墓前石碑上镌刻着"唐少傅白公墓"，便是白大师长眠之地。

白居易（772年—846年），字乐天，号香山居士，是我国伟大的现实主义诗人，其诗题材广泛，形式多样，语言通俗易懂，老少咸宜，有《白氏长庆集》传世，代表诗作《长恨歌》《卖炭翁》《琵琶行》成为千古传颂的不朽诗篇，对我国文学发展产生重要影响。同时，他还是一位政治家、法律家，先后担任忠州刺史、杭州刺史、苏州刺史和刑部侍郎等，撰写许多政论文章，审理大量案件，对政治法律贡献良多。

儒家、法家和道家作为我国历史上三大思想学派，在历代治国理政中发挥了重要作用。从西周春秋的礼治、战国至秦的法治、西汉初期的黄老之治、汉武帝后的礼法合治，三种思想相继成为社会的统治思想。虽然后来也出现过魏晋时期的玄学思潮和道家余韵以及唐中期佛道之兴对儒家的抗争，但并未撼动儒家为主、道法佛为辅的统治格局。直至20世纪初清王朝被推翻，这种格局都没有改变过。白居易在长期的官宦生涯中，面对安史之乱后朝纲不振、社会混乱无序的现实，一方面谴责统治者的横征暴敛，另一方面力主改革，主张为政宽简清廉，提出刑、礼、道迭相为用的治国理念。白大师在《刑礼道》文中曰："刑者礼之门，礼者道之根；知其门，守其根，则王化成矣。"[1]治理国家，这三样东西缺一不可。又云："夫刑者可以禁人之恶，不能防人之情；礼者可以防人之情，不能率人之性；道者可以率人之性，不能禁人之恶。循环表里，迭相为用。"刑、礼、道各有各的作用，但也有缺陷，必须相互补充，相互融合，才能对治理社会发挥作用。他进一步指出，不同时期，刑、礼、道的作用不同，"衰乱之代，则弛礼而张刑；平定之时，则省刑而弘礼；清静之日，则杀礼而任道。"在他看来，只有因时势变化采用不同的治道，才能达到"适其用，达其宜，则天下之理毕矣，王者之化成矣"。白大师的主张既不同于儒家的以礼为主、礼法合治的二元观，又不同于法家的重法轻礼的思想，以兼容并蓄的大格局，根据三者的治理作用，采取交替使用的方针，因事、因时、因势，各有轻重缓急，表现出极大的灵活性，很有些辩证法的思维。总体上，他仍属于儒家思想，但突破了儒家的德主刑辅、以礼为治的成规，乃是一大进步。

白公在任苏州刺史时，城南有一朱姓财主，他儿子同邻家女自幼许婚，待到婚配时，儿子突然病亡，便要邻家女嫁殇（嫁给死人），女家不从，遂告到官府。县衙按当地风俗，准予嫁殇。女家仍不服，告到州府。此案在州府积压一年多，白公到任后，没有就案办案，死扣条文，而是根据情理法，批下判文："生而异族，死岂同归？既违国禁，又乱人伦。"驳回县府判决，禁止嫁殇。又如州中有一小吏，奉命向朝廷进献蜜桔。有一次送到长安后，很多蜜桔已经变质，不能食用，官府要对小吏治罪。小吏辩称，本来并不会失期，只因半路遇上大风，在江上阻隔几日，有同行者作证。白公阅毕材料后，觉得既不能得罪朝廷，又不能殃及好人，踌躇再三，才下笔批道："进及时之果，诚宜无失其期，阻连日之风，灾难平素所料。进献失期，罪难逃责，稽留有因，情有可原。罚二十大板，以示警戒。"批文送下时，又特别关照，"轻轻责罚可也"。你看政治效果、法律效果与社会效果结合得多好啊！

安史之乱后，唐中期社会动荡不安，犯罪增多，一些官员要求恢复肉

---

〔1〕　参见刘富起：《白居易的法律思想评介》，载《吉林大学社会科学学报》1981 年第 5 期。

刑，以为震慑。白大师专门撰写《议肉刑》一文，阐述自己观点。他回顾历史后指出，苗人首创肉刑，受到上天的处罚。秦朝沿用，天下离心，迅速亡国。汉文帝始除去之，而刑罚以清。本朝太宗亦因而弃之，而人用不犯。两位贤明帝王废除肉刑，达到社会清明的治理效果。他还指出恢复肉刑的弊端：或绝筋，或折骨，或伤面，使见者痛心，闻者惊骇。最后总结说："圣人之用刑也，轻重适时变，用舍顺人情。"白大师的思想充满人道主义的情怀。

"理大罪，赦小过"是白大师提出的一个著名观点。针对当时"权轻而过小者，或反绳之；寄重而罪大者，或反舍之"的问题，他指出："然则小大之喻，其犹鱼耶？鱼之在泉者，小也，察之不祥；鱼之吞者，大也，漏之不可。"小的过错，就像溪水时的小鱼，不影响大局，对之要宽容。对大的犯罪，如果放纵则会出现吞舟的恶果。他主张"舍小过以示仁，理大罪而明义"，维护法律的严肃性和统一性，使天下之人皆遵纪守法。

白大师从社会经济角度探讨犯罪原因，也是值得后人借鉴的。在《止狱措刑》中云："刑之繁省，系于罪之多寡也；教之废兴，系于人之贫富也。"[1]人民只有富足，才能接受礼教，接受礼教才能减少犯罪。又云："圣王不患刑之繁，而患罪之众；不患教之废，而患人之贫，故人苟富，则孝斯兴也；罪苟寡，则刑斯省矣。"并举例说，历史上西周成康、西汉文帝和唐太宗时期，除了慎刑恤狱外，皆因海内殷实。相反，桀、纣和秦时期，由于横征暴敛，人力瘅竭，以于形成奸宄并兴、群盗满山、比屋万戮的后果。想要减少犯罪，必须"富其人，崇其教，开其廉耻之路，塞其冤滥之门，使人内乐其生，外畏其罪"。他继承和发展了孔子的"富而后教"和管仲的"仓廪实而知礼节"的观点，从社会经济的角度探讨生活贫困与犯罪的关系，比过去儒家经典作家从人性角度探讨，更加深刻，更加符合实际。

提高法律地位，慎选执法官员，是白大师为解决唐中期社会危机开出的又一剂药方。在《论刑法之弊》中云："今之刑法，太宗之刑法也；今之天下，太宗之天下也。何乃用于昔而俗以宁一？行于今而人未休和？"又云："非刑法不便于时，是官吏不循其法也。"乃"朝廷轻法学，贱法吏"的缘

---

〔1〕 参见刘富起：《白居易的法律思想评介》，载《吉林大学社会科学学报》1981年第5期。

故。他认为，法律还是太宗时的法律，天下还是太宗时的天下，为什么太宗时天下太平，现在天下不太平呢？原因就在于不重视法律，没有选好司法官员。进而提出"悬法学为上科"，提高明法科举士的地位，"升法直为清例"，提高法吏的地位，使执法之人成为贤良之士。用现在的话说，就是严把入门关，提高法官地位，加强队伍建设，提升整体素质。1200多年前，白大师就敏锐地认识到法官对治国理政的重要性，呼吁提高法官整体素质，着实难能可贵。

白居易祖籍太原，出生于河南新郑一个世敦儒业之家，祖父、父亲为官多年，家庭殷实。出生后不久，家乡爆发战乱，随家人四处躲避，深切体会流离失所的痛苦。从小聪颖过人，读书刻苦，而立之年高中进士，进入朝廷任职，素怀兼济天下之志，希望多做对国家和人民有益的事。在杭州刺史任内，主持疏浚六井，修堤蓄积湖水，以利灌溉，并作《钱塘湖石记》，将治湖的政策、方式勒石于湖边，供后人知晓。在苏州刺史任内，开凿山塘河，修建道路，便利水陆交通，促进当地经济发展。白公晚年任太子少傅，回到洛阳履道里，捐巨资修建香山寺，与当地僧人交游，品茗论诗，优哉游哉！

白公逝世后，葬在香山寺边的琵琶峰。后人为感念他的恩德，修建白园，以供凭吊。在墓冢的四周，立有许多石碑，记载他的生平事迹以及诗文，尤其是日本、韩国、新加坡白氏宗亲立的石碑，令人感慨万分，足以说明白公的影响早已超出国界，在中华文化圈以至世界发挥着难以想象的作用！

主张变法革新的程颢

乍暖还寒的季节，回到故乡扫墓。闲暇时节，一个人来到老城北边的古书院矿找寻童年的时光。记得课余时间，和三五同学爬到煤矸山上捡电线、雷管玩。那时全然没有感觉丝毫的害怕，倒是担心回家后遭到父母的责骂。当地煤矿为晋城矿务局下属的一个矿，大跃进成立时叫古书院矿，文化大革命时改为四新矿，粉碎"四人帮"后恢复为古书院矿。我心里常常琢磨为什么叫古书院矿，是不是这里古代有个书院？为什么没见书院呢？后来上了大学，到省里参加工作，每逢回家，时不时问一问周围人原由，结果总是失望。前几年和省法院李玉臻老院长吃饭，聊起晋城一些往事，他问我是否知道程颢做过晋城县令，对当地的教育贡献很大。我竟然无语以对。百度一下"程颢"词条，心中谜团豁然开解。

故乡有这样一位大理学家，竟然不知道，惭愧！惭愧！

熟悉中国哲学史的都知道"二程"，程颢、程颐哥俩同为北宋理学家、教育家，我国理学的奠基者，洛学代表人物。程颢字伯淳，号明道，世称"明道先生"，河南洛阳人。著有《论王霸札子》《定性书》《识仁篇》等，后人集其言论编有《遗书》《文集》，皆收入《二程全书》。北宋嘉佑二年进士，历任鄠县主簿、上元县主簿、泽州晋城县令、太子中允、监察御史、镇宁军节度判官等职。程颢和程颐的贡献主要体现在理学和教育方面，对国家法律也有诸多论述，却鲜有人知。

程颢、程颐的思想以"理"为核心，认为天理是宇宙的本体，万事皆出于理。二程从理学出发，认为法律和国家来源于天理，是天理的具体体现。"法者，道之用也。""万物皆只是一个天理，已何与焉？至如言天讨有罪，五刑五用哉，天命有德，五服五章哉，此都只是天理自然当如此，人几时与?"法律和刑罚惩治是纯然天理的产物，与人和人类社会无任何关系。他们认为，以皇帝为代表的国家一切活动，如颁布政令、征讨杀伐、推行法律，都是按照天理的意志和需求进行的。二程云："王者奉若天道，动无非天者，故称天王。命则天命也，讨则天讨也。"

二程的法律论述基本一致，最大特点就是积极主张变法革新，反对因循守旧。程颢认为，理是一个高度抽象的东西，并不直接产生万物，而是通过"气"创造万物。"有理则有气，有气则有数。"这里的"数"就是指万物。气是一个生机勃勃、变化不已的东西，通过阴阳二气的交感和动静不已的变化创造了形形色色的万事万物。由于气和由气产生的事物都处于永恒的运动变化之中，变革就成了天地间万事万物的根本法则，存在于一切事物发展的始终。程颢给宋神宗上书中说："或谓人君举动，不可不慎，易于更张，则为害大矣。臣独以为不然。所谓更张者，顾理所当耳。愿陛下奋天锡之勇智，体乾刚而独断，需然不疑，则万世幸甚!"他认为"大变则大益，小变则小益"。只有进行大规模的变法改革，才能革除弊政，国家昌盛。程颢在变法革新上与王安石一致，但在指导思想和具体方法上不同。王安石变法是功利主义的经世致用思想，程颢认为治国之道有本末两个方面，从本来说，必须抓住天理人心和道德义理，从正君心出发，达到正朝廷、正百官以至正天下的目的。从具体事来说，要想革除时弊，必须变法改革。认为王安石变法没有抓住治国之本，不以天理人心为本，即使暂时解决一些财政问题，也会造成道德风尚的衰败。二程批评王安石变法，又与司马光等人不同，并不反对新法中的所有措施，认为募役法可以保留。他们总结说，新法危害天下，新党固然有责任，旧党也有一定责任。如果旧党不是一味反对，而是注意策略，也不会闹得两党分裂，或许可以对变法加以引导，贯彻自己的政策主张。

程颢认为法律在治理国家中具有重要作用，"凡为政，须立善法"。"为政之始，立法居先。"不过，人与法律相比，人在治理国家中作用更大。法律是由人制定的，又是由人执行的。如果执法者不得其人，或者人才不足，即使有好的法律也无助于国家治理。程颢云："善言治天下者，不患法度之不立，而患人材之不成。人材不成，虽有良法美意，孰与行之?"他主张人治，强调君主在治理国家中的决定性作用，认为天下的治乱兴衰、人情道德好恶，全部系于君主身上。"君仁莫不仁，君义莫不义，天下之治乱系于人君仁不仁耳。"为了实现君臣共治，防止君主独断专行，提出贤者在位、能者在职，百官群僚各司其职，同时君主虚心纳谏，臣下敢于进谏，上下同心，达到天下大治。

德礼教化与刑罚惩治的关系是我国法律思想史上的重要问题。程颢把人性论与德主刑辅结合起来，既论证德礼教化的优越性，又论证刑罚惩治的必要性，为明清的重刑主义作了理论上的准备。他认为天理体现在人的身上就是人的本性，称作"天命之性"。天理是善的，天命之性也是善的，具体内容就是仁义礼智信。每个人都有来自天理的本性，而人又是由具体的气构成的，气既有善的成分，又有恶的成分。由于每个人出生时所禀赋的气清浊不同，因而有了善恶的差别。圣人与愚人之间有许多禀气不同的层次，天命之性的存在决定可以变化气质。通过道德教化改过自新，恢复善的本性。只有自暴自弃的人才是不可变化的下愚，用刑罚惩治。据记载，程颢在任晋城县令时，"先生为治，专尚宽厚，以教化为先"。在政务中始终把德礼教化放在首位。

站在街心公园，抬头仰望先生雕像，高大挺拔，威严肃穆，一派学究模样。后面的大片建筑便是书院了。据记载，北宋末年，金军南下，书院遭遇劫难。学子迁居陵川，成就了陵川一地在金代的文化繁荣，仅在金代科举中涌现出 7 位状元。1214 年，泽州发生大规模兵乱，城中建筑大多被毁，书院也未能幸免。金后，泽州郡守邀请程氏门人李俊民重返晋城兴办教育，重建明道先生祠堂，并于 1342 年将祠堂迁至旧址。明代随着程朱理学被奉为正宗官学，各地书院迎来历史上少有的黄金时期。明万历四十八年，泽州知府王所用立志继承程颢遗教，在原址上重建文昌书院，使当地教育达到高峰。程颢书院在沉寂百年后迎来又一次辉煌。清光绪初年，书院更名为"明道书院"，清末废除科举制后，改为书院小学。

书院是程颢在晋城做官时所建，历史上曾具有非常显赫的地位，被国内学者专家视为理学之源，后不幸毁于战火。书院共有四个院落，目前仅保留两个。为了重现书院历史风貌，当地政府于 2013 年开始修缮工程，四院保持原貌，二院和文昌阁修旧如旧，砖木结构，明清风格，典雅朴实。古书院所在的煤矿资源也耗尽了，前几年停产关闭。由于地处老城中心，积极发展商贸和文化旅游业，实现转型发展。挖掘历史文化宝藏，提高知名度，也便成了重要举措。在国家倡导传统文化，大力发展旅游业的今天，有关部门修缮文化设施，增加文化内涵，弘扬晋城的人文情怀，使程颢书院成为当地最醒目的文化坐标。

法形儒质的王安石

提起王安石，大家都知道他的变法，对熙宁变法自古以来争议很大。持肯定者认为变法增加财政收入，增强国力，推动生产力发展和社会进步；持否定者认为变法不顾国情，急功近利，增加农民负担，阻碍商品经济的正常发展；还有的学者认为既要承认变法是一次重要改革活动，使国家财政状况好转，具有进步意义，又指出新法在实施过程中触犯大地主大官僚的利益，给农民增加很大负担，阻力很大，致使改革夭折。但是，不论哪派学者，都承认改革的出发点是好的，致力于富国强兵，是一位勇于担当、有作为的政治家，对他的品德和才学予以充分肯定。

王安石是北宋时期著名的政治家、改革家和文学家，其成就众所周知，自不待言。同时，作为长期担任地方官职的官员，他对断狱决案事务熟稔，形成自己的法律思想观点。

尊儒重法、法形儒质是王安石法律思想的突出特点。以儒家思想为基础，吸收法家的富国强兵措施，将法家内容引入儒学，尊重儒家，重用法家，法家其形，儒家其神。在《上仁宗皇帝言事书》中云："有仁心仁闻，而泽不加于百姓者，为政不法于先王之道故也。"[1]他像孔孟一样，非常推崇尧舜禹的先王之道，三代以降，历代君主虽有善政，不过是陈陈相因。因此，建议宋仁宗"陛下当法尧、舜，何以太宗为哉？"对唐太宗的治国理政不以为然。他提出"变风俗，立法度"，以先王之道取代陈腐的儒术，制定新法，使之契合先王之政，"臣所谓无法度者，何哉？方今之法度多不合先王之政故也"。

---

〔1〕 景芳芳：《尊儒重法：王安石法律思想研究》，西南政法大学 2015 年硕士学位论文。

在立法方面，王安石主张"大明法度，立善法于天下"。面对积重难返的社会危机，他认为"变风俗，立法度，最方今之所急也"。借鉴法家的历史观和变法论，强调历史是向前发展的，统治者应因时代不同，制定相应的法律制度，不拘泥于祖宗之法。针对司马光提出的祖宗之法不能变，针锋相对地提出著名的"三不足"："天变不足畏，人言不足恤，祖宗不足法。"在立法标准上，他强调："若法令简而要，则在下易遵行；烦而不要，则在下既难遵行，在上亦难考察。"法律要简单易懂，突出重点，老百姓能够明白，便于遵守。在立法内容上，受商鞅变法影响，制定一些富国强兵的法律，如保甲法、将兵法、保马法和军器监法等。王安石制定的法主要以理财为中心，变通天下之财，增加财政收入。这点与法家并不一样，法家认为治国当用重刑，重刑使老百姓不敢反抗，不敢犯罪，以刑去刑，通过重刑达到无刑，是法家治国的最高理想。

在司法方面，王安石主张"有司议罪，惟当守法"。他反对董仲舒以《春秋》决狱的做法，认为官吏应依法断狱，以法论罪，不应以礼释法，更不能法外论罪。对法律规定不明确的，要凭经验定罪科刑。与法家的严刑苛政不同的是，王安石主张慎刑恤刑，罪疑唯轻。"以方今之理势，未可以致刑。致刑则刑重矣，而所治者少；不致刑则刑者轻矣，而治者多，理势固然也。"在变法中强调对司法的监督，将司法部门的一些职权收归中书省，使其有权过问议定刑名，对刑律提出修改意见。他的观点在阿云案中表现得非常明显。阿云案[1]发生在北宋熙宁年间，是古代法律史上影响极大的案例。登州妇人阿云在为母服丧期间与阿大纳彩订婚，但未成亲。因嫌弃阿大长相丑陋，阿云在夜间乘其熟睡用刀砍杀阿大，由于力气过小，只砍断一根手指。阿云被抓获后如实交代罪行。当地知州许遵认为此案是平常的杀伤，不属于杀夫案，因为母服未除，没有成亲。同时，阿云如实交代罪行，属于自首，应按减刑处理。初审送交上级定谳，大理寺以"谋杀已伤"论处，判处阿云绞刑。许遵不服，上奏抗议。审刑院在大理寺判决基础上又增加一项罪名"违律通婚"，居母丧嫁人，依律徒三年，作为疑案奏请宋神宗敕裁。神宗同意审刑院意见，但开恩免其死罪。许遵仍不服，奏请"两制议定"，让

---

〔1〕 景芳芳：《尊儒重法：王安石法律思想研究》，西南政法大学 2015 年硕士学位论文。

翰林学士和知制诰议定。司马光同意审刑院意见，强调以礼断狱。而王安石认为审判应排除礼的干扰，严格依律法断案，同意许遵的判决，上奏神宗曰："有司议罪，惟当守法。情理轻重，则敕许奏裁。若有司辄得舍法以论罪，则法乱于天下，人无所措手足矣。"最终神宗同意王安石意见。

北宋官场普遍重视儒家经学，不重视律学，通过诗赋题名后的官员，靠一部《春秋》据义理断案，结果造成大量冤假错案。针对这种情形，王安石在变法中罢诗赋而改考经义，将《书》《易》《礼》作为举子们研讨和考试的内容，把《春秋》排斥于外。同时，设立明法科，考律令、刑统大义及断案，吏部录取后列入备用名册。后来又规定，凡不能参加进士考试的，可参加明法科考试，所有考中进士和各科的，须再应试律令大义或断案，不合格者不能委任官职。王安石特别重视考试的实用性，对录取的官员不是只会吟诗作赋，而是还能处理行政司法事务。熙宁七年，在朝廷设立律学馆，教授律令大义、断案等内容。每月考一次，连考三次，学优者由吏部直接授予官职。这项举措，提高了律学地位，普及国家法律，改革社会风气。可惜司马光执政后，废除了明法新科，倒退到以前的状况。

从以上论述中可以看出，王安石的思想观念和改革举措是超前的，远远超越同时代的人，因此，触犯了大地主大官僚的既得利益，很难推行下去。列宁称赞王安石为"中国十一世纪的改革家"。

之所以有如此超前的思想观念和改革措施，与他的经历是分不开的。王安石（1021年—1086年），字介甫，号半山，江西临川人，世称临川先生。他出生于仕宦人家，自幼勤奋好学，博览群书，遍游各地，接触社会现实，对农民的苦难生活有深刻了解，年轻时便立下"矫世变俗"之志，怀有强烈的为民请命责任感。弱冠之年中进士后，历任淮南推官、鄞县知县、舒州通判、常州知府、江东刑狱提典等职，对官僚体制、经济、科举、军事、司法弊端有深切体会。嘉佑三年，任支度判官时，便上万言书，呼吁改革，加强边防，提出"收天下之财以供天下之费"命题。神宗即位后，有振兴国家之志，与王安石一拍即合，君臣二人掀起改革狂潮，对政治、经济、军事、法律诸方面革除弊端，出台青苗法、市场法、免役法、均税法、农田水利法、保马法等举措，进行全方位改革，幅度很大。临川先生从小受儒家熏陶，熟读儒家著作，奠定深厚功底，本质上是儒家思想，但在从政实践中发现许多弊端，借鉴商鞅变法，进行社会变革，从而达到富国强兵的目的。在变法过程中，尊儒重法的特点表现得非常明显。即便如此，仍然遭到以司马光为代表的守旧派攻击，归根结底还是利益问题。只要涉及利益这个根本问题，无论儒家思想还是法家思想，都是次要的。

值得指出的是，王安石的诗词和散文成就颇高，大多数为政治服务，文学色彩弱些，这一点也算是超前的。"不畏浮云遮望眼，自缘身在最高层。""春风又绿江南岸，明月何时照我还。""千门万户曈曈日，总把新桃换旧符。""遥知不是雪，为有暗香来。"等等，这些诗词，不仅文字优美，而且蕴含哲理，流传广泛，成为脍炙人口的金句，早已融入中华传统文化的骨髓里。

一个秋日傍晚，来到抚州王安石纪念馆，只见高大挺拔的雕像矗立在广场中央，与后面的古色古香建筑浑然天成，馆内分布着隐壁、水榭、碑廊、亭台、荷池、曲桥、翘角飞檐，绿树葱葱，饱含传统文化内涵，散发出浓郁的书卷气。当地时常举办学术研讨会，提高其知名度。南京玄武区也建有王安石故居，因为临川先生在此度过青年时代，两度守孝，三任知府，前后生活了二十多年，最后终老在南京，葬在钟山脚下。临川先生在此结交了米芾、欧阳修、苏东坡等名流，流传下许多逸事，与金陵结下不解之缘。浙江鄞县也建有王安石纪念馆，以照片、绘画、实物等展品生动形象介绍临川先生的生平事迹和治鄞政绩。

王安石作为历史上著名的改革家和政治家，为中华文明进程贡献良多，理应充分肯定，同时，他的诗词散文成就颇高，也为我国古代文学史增添浓墨重彩的一笔，值得后人颂扬。

一 遵正法的司马光

在晋南地区的夏县，有一座司马温公祠，是祭祀北宋著名政治家、史学家、文学家司马光的地方。墓祠占地百余亩，平方旷达，规模宏丽，司马光及其先祖葬于此，古冢垒垒，树木森森，肃穆雄浑。祠里有两通极其珍贵的神碑，一通是鱼子碑，为纪念司马光的祖父所立；另一通碑是杏花碑，为纪念司马光的神道碑，宋哲宗篆额"忠精粹德之碑"六个大字，碑文为大文豪苏轼撰写。后由于政见之争，石碑被毁，凿毁碑文，深埋地下。到南宋时，当地王姓县令拜谒司马温公祠时，见废墟处长出一株杏花树，高丈余，树冠如伞，实为奇观。于是，命人将石碑挖出，依原拓片文字重新篆刻立之，故名"杏花碑"，后也被毁坏。现在的石碑为明朝巡按山西的监察御史朱实昌仿原碑复立。这通石碑不仅被历代书家奉为神品，而且承载着历史演变的见证，折射出司马温公跌宕起伏的人生。

司马光（1019年—1086年），字君实，号迂叟，陕州夏县涑水乡（今山西夏县）人，世称涑水先生。他不仅是北宋著名政治家、史学家和文学家，著有《资治通鉴》《温国文正司马公文集》《稽古录》《涑水记闻》等，而且对法律也有颇多论述。

在政治上，司马温公属于保守主义者，从正统儒家思想出发，坚持祖宗之法不可变，"凡为国家者制礼立法，必思万世之规，不可专苟目前而已"。即使有弊端非改不可，也要循序渐进，不能操之过急。因此，反对王安石疾风暴雨式的改革，公开声称"犹冰炭之不可共器，若寒暑之不可同时"。从而形成历史上著名的改革派和保守派论战。

从保守主义政治立场出发，其法律思想也是趋于保守，主张"明其道，循其法"。在司法实践中，不仅把礼当成人们普遍遵守的行为规范，而且作为听讼断狱的法律依据使用。在登州阿云谋杀亲夫一案中，他指出："分争辩讼，非礼不决。礼之所去，刑之所取。阿云之事，陛下试以礼观之，岂难决之狱哉？"在礼与法的关系上，把礼作为纲，把法作为目，礼指导法，共同治理国家。在《资治通鉴》开头即云："臣闻天子之职莫大于礼，礼莫大于分，分莫大于名。何谓礼？纪纲是也。何谓分？君、臣是也。何谓名？公、侯、卿、大夫是也……故曰：天子之职，莫大于礼。"[1]三纲五常就是礼，伦理道德就是礼。法是具体的刑罚规范，在礼的指导下执行具体的刑罚措施。

针对当时的社会乱象，涑水先生主张"赏罚明当"，认为法是用来禁乱止暴的利器。"有功者劝之以重赏，有罪者威之以严刑。"在《乞不贷故斗杀札子》中指出："王者所以治天下，惟在法令。凡杀人者死，自有刑法以来，百世莫之或改。若杀人者不死，伤人者不刑，虽尧舜不能以致治也。"[2]在《司马温公行状》中认为："刑，新国用轻典，乱国用重典，平国用中典，是为世轻世重。"[3]充分体现了他的法律主张。在乱世当用重典，坚持重刑主义，才能维护稳定，集中表现在反对赦罪上。历代统治者都有逢重大节日赦免犯人的传统，意在显示仁慈。涑水先生却明确表示反对，他说："赦者害多利少，非国家之善政也。"其理由是："悍民暴横，侵侮善良，百千之中，败无一二。幸而发露，率皆亡匿，不过周岁，必遇赦降，则晏然自出，复为平人。"结果是："使怨愤之民，愤邑惴恐，凶狡之群，志满气扬，岂为民父母劝善沮恶之意哉？"将没有改造好的罪犯放归社会，无异于放虎归山，作恶百姓。在《言王中正札子》中劝谕皇帝："今陛下振举纪纲，一新治道，必当革去久弊，一遵正法。夫法如堤防，应当完固，乃得无患。"[4]针对当时存在舞文弄墨、法外科刑的现象，主张依律科罪，严肃执法。同

---

〔1〕 华翔宇：《司马光法律思想研究》，山东大学 2021 年硕士学位论文。

〔2〕 王威宣：《论司马光的政治法律思想》，载《山西大学师范学院学报（哲学社会科学版）》1996 年第 1 期。

〔3〕 王威宣：《论司马光的政治法律思想》，载《山西大学师范学院学报（哲学社会科学版）》1996 年第 1 期。

〔4〕 王威宣：《论司马光的政治法律思想》，载《山西大学师范学院学报（哲学社会科学版）》1996 年第 1 期。

时，把纪法当作堤防，时时加强，才能永固。

涑水先生非常重视预防犯罪，把犯罪消灭在萌芽状态。他说："攘恶于未芽，杜祸于未萌，是以身祇而国家�七宁也。"还说："清恶于未萌，弭祸于未形。"在长期的地方官宦生涯中，他审理大量的刑事、民事案件，深刻认识到许多恶性案件都是由生活琐事引发的，减少犯罪必须从预防犯罪做起，从妥善处理民间纠纷做起。九百多年前的古人已经认识到预防犯罪的重要性。

司马温公的深刻见解，来自于丰富的经历。他从小天资聪慧，又十分懂事，深得父亲喜爱。十五岁以前随做官的父亲游遍河南、陕西、四川等地，访古探奇，赋诗题壁，领略风土人情，极大地丰富了他的见识。弱冠之年便高中进士，步入仕林，宦海沉浮达四十多年。从其经历来看，喜欢交游，知识广博，乐于接受新事物，应是改革派。但恰恰相反，温公是保守派，坚决反对王安石变法。也许正是认识到改革的弊端，才反对改革。他认为新法"舍是取非，兴害除利""名为爱民，其实病民；名为益国，其实伤国"。在他上台执政后，全盘否定变法，一股脑儿废除掉改革措施，恢复旧法，就有些置气的意思，说明他心胸不够大，不能理性地看待问题，这点不如苏轼。这也为他死后被翻案埋下了伏笔。章惇、蔡京执政后，温公被列为元佑党人，禁止元佑学术，削除赠谥，毁坏赐碑，也是一场悲剧。直到南宋高宗时，才给予平反，恢复名誉，配享哲宗庙廷。明嘉靖年间，从祀称"先儒司马子"，康熙六十一年，司马温公和历代功臣40人从祀历代帝王庙，其地位待遇越来越高了。

司马温公是践行儒家伦理道德的典范，孝顺父母，友爱兄弟，忠于君王，取信于民。自身正直节俭，温良谦恭，刚正不阿。历史上，曾与孔子、孟子并列为三圣，留下了许多故事传说。走过的地方，大都建有故居和纪念馆。

虽说祖籍是山西夏县，但出生在河南光山县，其父司马池时任光山县令，在此度过快乐的儿童时光。当地建有司马光故居，司马光砸缸的故事就发生在这里。洛阳建有司马光文化馆，用文图展板、史书资料展示司马温公的生活轨迹和成就。

司马光已成为千古名人，无关乎政见之争，后人从其身上学到更多的知识，汲取更多的精神力量，这才是最重要的！

因法便民的苏轼

提起苏轼，如雷贯耳，凡是上过中学的都念过他的诗词，读过他的散文。从骨子里透出的豁达乐观人生态度和家国情怀，深深地影响着人们。他不仅诗词、散文一绝，而且书法、绘画也是相当了得，属于全能型人才，不愧为我国大文豪。

苏轼对政治法律也非常精通，虽然没有法律专著，但在长期的官宦生涯中形成一些自己的观点论述，散见于其文集、奏札、策论、书信以及他人的记述里。他的法律论述内容丰富、涵盖面广，包含立法、刑法、治吏、经济等方面。

作为一个封建时代官员，苏轼以儒生出仕，带有浓浓的儒家色彩，在四十多年的宦海生涯中，屡经挫折，又融进了佛教、道教的思想观念，从而成为一位儒释道相结合的大学者。表现在政治上，他是缓和的改革派，主张循序渐进的改革，既不同于王安石的疾风暴雨式变法，又有异于司马光的因循守旧思想，强调仁政，以民为本。表现在法律上，主张礼法结合，因法便民，法贵简当，审慎用刑，以较低的社会成本维护国家统治。

在立法方面，苏东坡主张"法贵简当"，"临下以简，御众以宽"，反对"法令滋彰"。在《上神宗皇帝书》奏折中曰："惟陛下以简易为法，以清净为心，使奸无所缘，而民德归厚。"[1]表达简易为法的主张。"临下以简，御众以宽"[2]，本是《尚书 皋陶谟》里的一句话，他拿过来作为自己的法律观点，建议朝廷对官吏的要求简明扼要，治理民众要宽宏大量，制定的法

---

〔1〕 周泉伶：《苏轼法律思想研究》，重庆大学 2019 年硕士学位论文。

〔2〕 周泉伶：《苏轼法律思想研究》，重庆大学 2019 年硕士学位论文。

令不要太多太严。他说："昔汉高帝约法三章，萧何定律九篇而已。""至于文景，刑措不用。"很简明的法律条文，就把国家治理得井井有条。到了魏晋时期，法令繁密，条目滋彰，结果民无所措手足。苏轼批评当时朝廷立法过于繁密，"《编敕》续降，动若牛毛，人之耳目所不能周，思虑所不能照，而法病矣。"立法如果注重细节，就会疏忽原则。"详于小，必略于大，其文密者，其实必疏。"对立法内容，主张"无责难"，不可严苛，不作过分要求。"责人以其所不能，而其所能者，不深责也。"用现在的话说，就是要实事求是，立法符合国情民意，不能违背公序良俗。

对于道德与法律的关系，他主张"威与信并行，德与法相济"。刑罚与教育同时施行，道德与法律各司其职，相互结合，才能使百姓安居乐业。并且进一步论述："王者之所宜先者德也，所宜后者刑也。"治国理政，把德治放在首位，刑罚放在后，法律是道德的补充，同时强调法律的作用。在《戏子由》[1]一诗中讽刺当时重法轻儒的现象，呼吁重视德治，"读书万卷不读律，致君尧舜知无术"。虽然读了很多书，如果不读通弄懂法律，就没有办法帮助皇帝成为尧舜一样的圣人。

受儒家思想的熏陶，苏轼反对重刑，反对滥用刑罚，在《刑赏忠厚之至论》中，集中论述了刑与赏的关系，主张以仁治国，受到欧阳修的称赞。在《三法求民情赋》[2]认为："刑德济而阴阳合，生杀当而天地参。"表明刑德相济，生杀得当的观点。

对于人与法的关系，苏东坡主张"任法与任人并重"。鉴于熙丰变法中存在一味任法之弊，强调任人的重要性。"夫法者，本以存其大纲，而其出入变化，固将付之于人。"法律是死的，而人是活的，再好的法律，也需要人来执行。"法之于人，犹五声六律之于乐也。法之不能无奸，犹五声六律之不能无淫乐也。先王知其然，故存其大略，而付之于人，苟不至于害人，而不可强去者，皆不变也。"法律如果存在弊端或者滞后，任用贤人可以弥补。他对任法与任人两者关系的看法充满辩证的思维，认识深刻，"任人而不任法，则法简而人重。任法而不任人，则法繁而人轻。法简而人重，其弊

〔1〕 周泉伶：《苏轼法律思想研究》，重庆大学 2019 年硕士学位论文。
〔2〕 周泉伶：《苏轼法律思想研究》，重庆大学 2019 年硕士学位论文。

也，请谒公行而威势下移。法繁而人轻，其弊也，人得苟免，而贤不肖均。此古今之通患也"。

难能可贵的是，对于犯罪原因的分析，苏大师从经济方面和统治者方面寻找。他说："人之所以为盗者，衣食不足耳。农夫市人，焉保其不为盗？而衣食既足，盗岂有不能返农夫市人也哉？故善除盗者，开其衣食之门，使其复业。"当时，河北京东地区蝗灾严重，他在《论河北京东盗贼状》文中指出："今中民以下，举皆缺食，冒法而为盗则死，畏法而不盗则饥。饥寒之与弃市，均是死亡，而赊死之与忍饥，祸有迟速，相率为盗，正理之常。"[1] 分析得非常深刻，非常到位，于今也有借鉴意义。

长期在地方任职的经历，使苏轼非常关注财政税收法律问题。他主张"省费以养财"，政府节省经费，解决财政之缺，认为王安石推行的青苗法、市易法是敛财之举，与民争利，加重百姓负担。政府可通过节约开支，解决财政问题。他指出："夫兴利以聚财者，人臣之利也，非社稷之福。省费以养财者，社稷之福也，非人臣之利。"关于赋税，他推崇唐朝杨炎制定的"两税法"，认为"因地之广狭瘠腴而制赋，因赋之多少而制役""轻重厚薄，一出于地。"以地的数量，而不是以人的数量，征收赋税，比较合理。他还提出据契而均税的方案，"易田者必有契，契必有所直之数。具所直之数，必得其广狭瘠腴之实，而官必据其所直之数，而取其易田之税，是故欲知其地之广狭瘠腴，可以其税推也"。以田地为依据，从土地交易值确定土地贫瘠丰腴程度，确定应交的赋税。由此可见，苏东坡不仅是一位想象力丰富的文学家，而且还是一位脚踏实地的实干家。

作为与王安石、司马光同时代的朝廷要员，苏轼勇于任事、不苟且偷安的性格，使他不可避免地卷入变法纷争中。当王安石主持变法时，他认为变法不具备条件，轻率冒进，"慎重则必成，轻发则多败，此理之必然也"。对改革持慎重态度。"慎重者始若怯，终必勇。轻发者始若勇，终必怯。"在《思治论》中主张："从其可行者而规摹之，发之以勇，守之以专，达之以强，日夜以求合于其所规摹之内，而无务出于其所规摹之外。其人专，其政

---

〔1〕 周泉伶：《苏轼法律思想研究》，重庆大学 2019 年硕士学位论文。

一，然而不成者，未之有也。"〔1〕只有先调查研究，论证措施的可行性，制定改革计划，任用能干的人认真推行，没有不成功的。

苏轼因对变法持不同政见，被贬至杭州任通判。当变法失败，司马光主政时，他又反对废除一切改革措施，认为有些改革举措是利民的，应该保留。因反对司马光保守做法，又被贬至密州。林语堂说他"永远是政治上的反对派"，因为他有自己的主见，不跟风，不附合，不趋势附炎，是真正的文人，有风骨的文人，有主见的政治家。其结果可想而知，他不是被贬，就是在被贬的路上，从杭州到密州、到徐州、到湖州、到黄州、到惠州、到儋州，以至客死常州，生存环境越来越恶劣，生活质量越来越下降，但就是在如此逆境中，练就了豁达乐观的人生态度，培养出处处想着君民的家国情怀，书写了大量不朽文章，上升到少有的高境界，成为一代大文豪！

---

〔1〕 周泉伶:《苏轼法律思想研究》，重庆大学 2019 年硕士学位论文。

朱熹与德治人治

宋淳熙九年（1182 年），朱熹作为浙东常平茶盐公事到台州赈灾，在路上遇到当地灾民控诉台州太守唐仲友征收重税，致使很多人流离失所，便上折弹劾唐太守。到台州后，听闻唐太守贪污公款、敲诈勒索、纵容亲属横行乡里，特别是嫖宿娼妓，与当地头牌营妓严蕊长期保持不正当男女关系，有损朝廷官员声誉，在不到两个月的时间里，连上六道奏折，罗列 24 条罪状，弹劾唐仲友"促税扰民、贪淫不法"，一时震动朝野。唐仲友当时也是一位名儒，提倡经制之学，与朱熹的格物致知之学相左，同时喜欢诗词，与才女严蕊经常在一起吟诗填词唱和。严蕊属于营妓，卖艺不卖身。唐太守将严蕊除籍恢复为良民。为了查实罪状，朱熹逮捕并严加审讯严蕊，企图打开突破口，录取口供。严蕊却表现出烈女气节，任凭刑讯逼供，死不承认与唐太守有染，只是正当的男女交往而已。那唐太守也不是好惹的，与当朝宰相王淮是亲家，反诉朱熹诬陷报复自己。官司打到皇帝那儿，宋孝宗见无确凿证据，以为"秀才争闲气耳"，定性为学派之争，只将唐仲友免职，没有追究罪责，朱熹愤而辞职。岳飞的孙子岳霖接手案子后，因查无实据，便无罪释放了严蕊。

韩中一些官员为迎奉宰相王淮，纷纷上折指责朱熹假装清高圣洁，严刑逼供弱女子，是伪君子，提倡的理学是伪学。宋孝宗遂下令禁止理学传播，史称"庆元党禁"。过不了几年，朱熹也在郁郁寡欢中离世。

这起案件起因是朱熹弹劾唐仲友不法之事，实质上是针对朝廷官员贪赃枉法、不守法度，抵制官场腐败，主动发起的一项举措。朱熹作为南宋理学的代表人物，主张维护三纲五常，倡导德治人治，"存天理，灭人欲"，官员理应以圣人标准严格要求自己，成为百姓楷模。他说："盖三纲五常天理民彝之大节，而治国之本根也。故圣人之治，为之教以明之，为之刑以弼之，虽其所施或先或后或缓或急，而其丁宁深切之意未尝不在乎此也。"认为儒家的纲常伦理就是天理，仁义礼智就是天理的件数，就是治国理政的最高准则。

从纲常伦理出发，他特别强调德治的作用。"愚谓政者，为治之具。刑者，辅治之法。德礼则所以出治之本，而德又礼之本也。此其相为终始，虽不可以偏废，然刑政能使民远罪而已。德礼之效，则有以使民日迁善而不自知，故治民者不可徒恃其末，又当深深其本也。"把礼作为制度规范看待，把德作为制度规范的精髓看待，德为礼之本，德礼乃治国理政之本也。

朱熹非常重视人治。他指出："大抵立法必有弊，未有无弊之法，其要只在得人。若是个人，则法虽不善，亦占分数多了。若非其人，则有善法，亦何益于事。"世上没有完美无缺的法律，任何立法都有弊端。法律的弊端容易纠正，但人的私心很难纠正。治国理政必须端正人心，他平生推崇"正心诚意"四个大字，强调人的内心修养，自我约束，消灭人的欲望，成为圣人。人人皆为圣人，国家没有治不好的。这只是朱熹的美好愿望，不切实际，自古以来从来就没有过人人为尧舜的社会。

在司法方面，他主张执法从严，反对滥用轻刑。他说："号令既明，刑罚亦不可弛。苟不用刑罚，则号令徒卦墙壁尔。与其不遵以梗吾治，曷若惩其一以戒百？与其检察于其终，曷若严其始而使之无犯？做大事，岂可以小不忍之心。"主张恢复肉刑，反对无原则使用轻刑。"今人说轻刑者，只见所犯之人为可悯，而不知被伤之人尤可念也。如劫盗杀人者，人多为之求生，殊不念死者之为无辜，是知为盗贼计，而不为良民计也。"不仅认识到犯罪者的可悯，更认识到受害者的无辜可怜。对罪犯的放纵，就是对无辜者的伤害。其见解可谓深刻也。

朱子的法律思想建立在理学的基础上。西汉董仲舒的天人感应、天人合一思想对儒家学说进行改造，但毕竟浅显粗糙，并未随着儒家经义法典化而同步发展，反而受到佛教、道教和魏晋玄学的冲击和侵袭，出现衰微之象。到了中唐，韩愈、柳宗元针对"安史之乱"后社会人伦秩序废弛的现状，呼吁重建儒家秩序，提倡道统学。北宋时，程颐、程颢兄弟和张载等儒家学者吸取各家之长，提出理学，更加思辨和哲理化。到南宋，朱熹进一步系统化、哲理化，从而成为理学的集大成者。他认为：理是宇宙万物的基本原理，是"一"，自然现象和人事现象是分殊，是"多"，多由一而生，一因多而成，故曰"理一分殊"。理学是在尽心诚意体认天理的基础上，探究人、物之理，进而修身、齐家、治国、平天下，从而达到赞天地之化育境界的学问。作为传统法律思想基础的纲常伦理观念要合于理，上升到本体论的高度，更加具有正当性和权威性。君臣有君臣之理，是为君仁臣敬；父子有父子之理，是为父慈子孝。自此，纲常伦理有了空前坚实的理论基础。程朱理学有利于维护帝国的统治秩序，深受统治者喜欢，成为元明清历代的正统思想。朱熹所著的《四书章句集注》成为官方经典教材，是科举考试的依据，历经700多年。到了明清时期，禁锢人们思想，限制人们创新，阻碍社会进步，负作用越来越明显。直到20世纪初，经过新文化运动和五四运动的洗礼，人们才逐步挣脱理学的束缚，走向新时代。

朱熹是孔子、孟子以来最杰出的弘扬儒学大师，是思想家、哲学家、教育家和诗人，被尊称为朱子。他生于1130年，卒于1200年，终年71岁，江西婺源人，字元晦，号晦庵，别号紫阳，也称作紫阳先生。他自幼聪慧，善学好问，19岁便进士及第，历任泉州同安县主簿、知南康军、潭州知州、焕章阁待制兼侍讲等，为官不到十年，多数时间是讲学著述，著有《四书章句集注》《周易本义·朱熹注》《诗集传》等书，后人辑有《朱子语类》《朱子全书》。

在武夷山市五夫镇府前村建有朱熹故居，他在此生活40多年，著书讲学，广收众徒，影响深远，视作朱子理学的发祥地。故居内有半亩方塘、灵泉古井，旁边有朱子巷、兴贤书院、兴贤古街以及朱子社仓等古迹。那首著名的七绝就是在这儿吟成的：

> 半亩方塘一鉴开，
> 天光云影共徘徊。
> 问渠那得清如许？
> 为有源头活水来。

朱子故居山清水秀，风景绝佳，是块风水宝地。现已辟为省级文物保护单位，受到国家重视保护，每年都有无数读书人和游客前来顶礼膜拜，汲取营养。

郝氏家学润一方

青出于蓝青愈青，小年场屋便驰声。

未饶徐淑早求举，却笑陆机迟得名。

嗟我再衰空眊瞍，喜君初筮已峥嵘。

此行占取鳌头稳，平地烟霄属后生。

这是元好问赶考时，他的老师郝天挺送的一首七律，题目为《送门生赴省闱》，凝聚着郝天挺的桃李高枝之心，对学生的骄傲与激励，也透露出自身多病，难遂心志的无奈。

郝天挺（1161 年—1212 年），字晋卿，泽州陵川人（今山西省陵川县）。《金史》记载："早衰多疾，厌于科举，遂不复充赋。"他以泽州府举荐而入太学，后中进士，以卓尔不群的才学闻名远近，融汇百家之学，尤工于诗歌，但体弱多病，个性孤傲，不适合周旋于充满伪诈的官场，于是决意高韬远引，归隐乡里，以教授"县痒"为己任。郝天挺"方聚子弟秀民，教授县痒。阅人既多，虑事亦慎，故其容止可观，而话言皆可传。州里老成宿德，多自以为不及也"。他博学多闻，处事周全，在乡里威望很高。

郝氏家学源远流长，早在北宋初期，郝天挺的先人郝元就求教于理学大儒程颢，成为家学的开创者，百多年流传未间断。到了郝天挺一代，更以治经行已为本，不仅重视四书五经的学习，而且注重品德培养。当时投到郝天挺门下的弟子甚多，元朝文学家、史学家元好问便是其中之一。据记载，元好问父亲元格（好问过继叔父）听说郝天挺学问后，专门请求到晋做官，带着年仅 14 岁的小好问拜先生为师，四年后其父罢官回归故里，好问仍继续服侍先生两年。师生相处六载，先生对元好问用心良苦，影响甚巨。史传郝天挺"耿耿自信，为人有崖岸"，把自己的人格、道义和气节熔化在学问中，他说："读书不为艺文，选官不为利养，惟知义者能之。"气节比读书、做官更重要。"寒枝白日尘无点，冻蕊经霜瓣不凋。"以诗表明自己的心声。贞祐初年，金兵南侵，人们南逃被阻于河阳、淮泗等地，上下千余里，流民数百万，饥饿荐至死者十之七八。郝天挺挺身而出，给朝廷上书，陈述危情。朝廷遂令疾速放渡，河之民众活者众。这种为民请命的精神深深影响了元好问。元好问后来在汴京沦陷前夕，为拯救百万民众，冒天下之大不韪，进言留守二执政，以降求存。

郝天挺去世后，元好问写的《郝先生墓志铭》记载了郝天挺生平事迹，还作诗怀念恩师，从中可以看出师生情谊恩重如山。

郝先生独子郝思温与元好问同年，举家迁到河南后又辗转河北保定定居，与好问既是同学又是兄弟。他继承父业，终身教授生徒，隐居不仕。郝思温有三个儿子，长子为元朝大儒郝经。

郝经（1223年—1275年），字伯常。从小聪颖敏捷，素有大志，严守父命，夜以继日，常常是衣冠不解而通宵达旦，独自伏几苦读。当时顺天府守将听闻后，延为宾客，教育诸子。他得以阅读两家丰富藏书，后投元好问门下，苦读数载，见识大增。出仕元朝后，深得忽必烈赏识，留于王府。随忽必烈攻打鄂州，建议与贾似道议和，北进争夺汗位。以翰林侍读学士充任国信使，奉诏出使宋朝，被贾似道拘于真州达16年之久。郝经坚韧不屈，以苏武为榜样，期间写下了大量文章和诗篇。后在元宋交涉下，回归故国，途中患病，病逝于京都。著有《续后汉书》《春秋外传》《行人志》《陵川集》等数百卷。尤其是《续后汉书》，明收入《永乐大典》，清收入《四库全书》。乾隆皇帝题曰："身充信使被拘留，两国恰逢奸计投。愿附鲁连未遂志，空言思托著书酬。"《陵川集》收录郝经诗作670多首、赋15篇、散文190多篇。

作为思想家，郝经反对"华夷之辩"，推崇四海一家，主张天下一统，结束唐朝末年以来分裂状态；推崇程朱理学，以儒家思想影响蒙古统治者，使国家走向大治。在学术上，他继承祖父、父亲的家学，广采唐宋先贤思想而自成一家，主张凡事不必尽师法古人，提出"不必求人之法以为法"，认为："三国六朝无名家，以先秦二汉为法而不敢自为也；五季及今无名家，以唐宋为法而不敢自为也。"他强调写文章也应"皆自我作"，体现了知识分子的思想自由和创新意识。他在《内游》《养说》中强调主体精神的自我涵养，提出"圣之所以为圣，贤之所以为贤，大之所以为大，皆养之使然也"。郝经还非常重视书法内在修养，提出理学化的秩序，他认为："今之为书也，必先熟读六经，知'道'之所在。"又说："以正为奇，以奇为正，出入二王之间，复汉隶秦篆皇颉之初，书法始备也。"郝经的诗文以被宋朝扣押为界，分为前后两个阶段，在元时有一种自信力，表现积极有为的思想，在羁留宋时，多是借景抒情，表现出无法回归的悲凉心态，完成了秉洁无瑕的人格塑造，是首屈一指的仁人志士。

值得一提的是，历史上还有一个人也叫郝天挺（1247 年—1313 年），字继先，号新斋，是河北省安肃县人，元朝大臣。其父郝和尚拔都自幼被掳入蒙古长大，战功彪炳，成为大根脚家族。郝天挺兄弟以父葬其地徙居三原县。郝天挺早年师从元好问，以勋臣子召备宿卫，历任云南行省参知政事、陕西汉中道廉访使、吏部尚书等职，后为江浙行省左丞。1307 年因拥戴元武宗有功，拜中书左丞。郝天挺在文学上造诣很高，擅长写诗，曾为其师元好问所辑《唐诗鼓吹》作注 10 卷，又仿此例，辑宋、金、元三朝名人诗篇为《鼓吹续音》12 卷，编纂《云南实录》，并在大理修文庙兴儒学，培养人才。

两个郝天挺，一个是金朝学者，一个是元朝大臣，前后相差八十多年，都是读书人。后一个郝天挺师从元好问，元好问又师从前一个郝天挺，可以说一脉相传，学术上渊源很深，共同为中华文化作出贡献，传为佳话。

丘浚力主慎刑恤刑

在风景优美的海口市金花路，离海瑞故居不远处，有一座明代建筑，规模并不大，为两进四合院落，门上方悬挂着"丘浚故居"四个大字，为著名建筑专家罗哲文所题。前院内草木葱绿，人参果树枝繁叶茂，青石甬道的尽头是前堂，两边为厢房。后院为可继堂，神案上供奉着祖先的塑像，前面摆放四张太师椅，供桌和椅子雕刻着精美的图案，门楣上挂着一副对联："可继堂中承德泽，尚书万里传字香。"据说是丘浚为追念祖父的恩德所撰。丘浚和兄长从小失去父亲，是祖父一手养大的。祖父看着双孙依偎膝下，百感交集，遂写"嗟无一子堪供老，喜有双孙可继宗"的联句挂在门楣上。丘浚做官后写了一篇《可继堂记》，表达不忘根本，牢记恩德的人伦情怀。从此可继堂便名扬天下，余韵至今。

丘浚（1421 年—1495 年），广东琼山（今海南海口）人，字仲深，号琼台，是明朝著名的政治家、理学家、史学家、经济学家、戏剧家和诗人，一生事景泰、天顺、成化和弘治四朝，历任翰林院编修、侍讲学士、翰林院学士、国子监祭酒、礼部尚书、文渊阁大学士、户部尚书兼武英殿大学士等职。他研究涉猎广泛，在政治、经济、法律、哲学、文学、戏剧方面均有建树，是一位百科全书式的人物，明孝宗御赐"理学名臣"，史学界称为"有明一代文臣之宗"。特别是经济方面提出的"劳动决定商品价值"的观点，比英国古典经济学家威廉·配第的劳动价值论早 180 多年，学界称之为"15世纪卓越的经济思想家"。著有《大学衍义补》等书。他对法律有诸多论述，主要体现在《大学衍义补》里，专门有"总论制刑之义、定律令之制、简典狱之官、制刑狱之具"〔1〕等篇章。过去由于学者研究不多，湮灭于史海里。近些年，随着明史研究的不断深入，其法律思想呈现于世人面前。

作为理学家，丘浚完全承继程朱理学，在政治上主张德主刑辅，相互配合，共同发挥作用，才能治理好国家。他指出："礼乐者，刑政之本；刑政者，礼乐之辅。古之帝王，所以同民心，出治道，使天下如一家，中国如一人者，不过举四者措之而已。是则所谓修道之教，王者之道，治天下之大经大法者也。"认为礼乐和刑政虽然作用不同，但目标是一致的。"礼乐刑政，其致一也。必有礼乐以为刑政之本，则政事之行，刑罚之施，皆本乎自然之理，以立为当然之制，使民知所避而不敢违。是以民生日用之间，心志有所主，耳目有所加，举动行为有所制，是以不犯于有司。"为证明德主刑辅的重要性，他还以历史经验论证。"有虞为治，专以礼教为主，而刑辟特以辅其所不及焉耳。礼典之降，而折以刑，所以遏其邪妄之念，而止刑辟于未然。"

从德主刑辅的理念出发，对立法原则和立法体系详细阐述。琼台先生认为，立法的指导思想必须符合儒家经义，既要遵循天理，又要适应社会变化，云："其应经合义者，则百世定律之至言要道也。"认为明朝立法"名虽沿于唐，而实皆因时以定制，缘情以制刑，上稽天理，中顺时宜，下合人情，立百世之准绳，为百王之宪度，自有法律以来所未有也"。"今法司于律文之中，往往有不尽用者，律文如此，而所以断罪者如彼，罪无定科，民心疑惑。请下明诏，会官计议，本之经典，酌诸事情，揆之时宜，凡律文于今有窒碍者，明白详著于文本之下。若本无窒碍，而所司偶因一事有所规避者，遂为故事者，则改正之。"

在刑法方面，琼台先生继承和发展儒家的慎刑恤刑思想，着重对重刑、肉刑、复仇以及赎刑等问题进行深刻论述。他将慎刑与天罚观联系起来加以阐述，用以威慑各级官吏，使之不敢滥用刑罚。他说："刑无大小，皆上天所以讨有罪者也。为人上者，苟以私意刑戮人，则非天讨矣。一人杀人有限，而下之人效之，其杀戮滋多。为人上者，奈何不谨于刑戮？上拂天意，下失人心，皆自此始。衰世之君往往任意恣杀，享年所以不永，国祚所以不

---

〔1〕 何勤华：《简论丘浚的法律思想》，载《法学论坛》2000 年第 2 期。

长，其以此失。"如果统治者滥用刑罚，恣意杀人，则寿命不长，国运不昌。

琼台先生特别重视刑罚的教育功能，他说："刑以弼教，论罪者必当以教为主。""刑者，所以辅政弼教。圣人不得已而用之，用之以辅政之所不行，弼教之所不及耳。非专恃此以为治也。"刑罚有惩治、威慑、教育等作用，强调正面教育效果，无疑是积极的。同时，反对使用酷刑和肉刑。酷刑是酷吏作恶的工具，有失人心，违反天理，自古以来酷吏都没有好下场。他指出："自汉除肉刑，古刑不用久矣。而五代中，晋复创刺面之刑，是肉刑皆废，而黥刑复用于数百年之后。彼衰世庸君，固无足责。宋太祖以仁厚立国，乃因之而不革。其后，乃至以刺无罪之士卒，其为仁政累大矣。"自汉文帝废除肉刑后，有的统治者恢复肉刑，评价都不高，声誉受到影响。

我国古代刑律规定罪犯可以用财物赎罪，以免除其刑罚。这就是所谓的赎刑制度。对赎刑制度的利弊历有争议。琼台先生对赎刑制度持否定态度，认为只利于富人，不利于穷人，不符合刑以弼教的目的。其曰："夫罪入五刑而可疑者，使富而有金者，出金以赎其罪可矣。若夫无立锥之民而大辟之罪，何从而得金千缓乎？如是，则罪之疑者，富者得生，贫者坐死，是岂圣人之刑哉？"建议对疑罪遵循"罪疑惟轻"的做法，而不宜采用赎刑。这无疑是一大进步，对于少杀错杀具有重要意义。多年来，司法实践中一直采取疑罪从轻的原则。直到近些年，我国法院完全采用"疑罪从无"原则。

在他的司法思想中，特别强调审判人员的出身，主张用通晓儒家经学义理的人为审判官，保证正统法律制度的贯彻落实。其曰："州郡设官理刑，亦犹周官乡士、县士之比。然谓之士者，以刑狱人命秘系，不可专委之吏胥。士读书知义理，不徒能守法，而又能于法外推情察理，而不忍致人无罪而就死地，名重于利。吏胥虽日深于法比，然后能知法也，而不知有法外意。苟狱文具，而罪责不及已足矣，而人之冤否，不恤也。"强调法官审案的理念，必须对治狱怀有敬慎之心，防止人君借审案推行不仁之政，打击报复政敌。他的司法思想非常丰富，对刑罚的执行、大赦以及土地诉讼等问题，均有精彩论述，值得学习借鉴。

琼台先生多才多艺，在诗词和戏曲方面建树颇丰。六岁即作五指山诗，"五峰如指翠相连，撑起炎州半壁天。夜盥银河摘星斗，朝探碧落弄云烟。

雨余玉笋空中现，月出明珠掌上悬。岂是巨灵伸一臂，遥人海外数中原"。想象大胆奇特，形象鲜明生动，寄托了诗人的博大胸襟抱负。一生作诗数千首，留有诗集《琼台汇稿》。

他还善为南曲，剧作《五伦全备记》在当时影响很大，留有《投笔记》《罗囊记》《学鼎记》等作品，开启明代文人创作戏剧之先河。

海南开发较晚，教育文化比较落后，历史上出的人才不多，但在明代中期同朝出了两个著名人物，丘浚和海瑞，被誉为"海南双璧"，也算一大奇迹。当地政府为了促进旅游发展，对丘浚故居修葺一新，免费供人参观，还命名一条"丘海大道"，为商业主干道，人与物相互促进，提高当地知名度。

斯人已逝，风范长存。唯有弘扬光大，才是最好的纪念！

助力"一条鞭法"改革的王国光

众所周知,"一条鞭法"是明朝万历年间张居正执政时对赋税和徭役制度进行改革的重大措施,对于增加财政收入,缓解经济政治危机,减轻人民负担,起到重要作用。"一条鞭法"上承唐朝的"两税法",下启清朝的"摊丁入亩",是我国历史上具有深远影响的社会变革。随着"一条鞭法"的实施,促进了"万历中兴"的形成。

《明史·食货志》记载:"总括一州县之赋役,量地计丁,丁粮毕输于官;一岁之役,官为金募。力差,则计其工食之费,量为增减;银差,则计其交纳之费,加以增耗。凡额办、派办、京库岁需与存留、供亿诸费,以及土贡方物,悉并为一条,皆计亩征银,折办于官,故谓之一条鞭。"朝廷将各州县的田赋和各种名目的徭役总括为一条,合并征收银两,按亩折算缴纳。这项改革确立了以银征税,大大简化税制,方便税款征收,增加财政收入,促进了商品经济的发展,同时有效杜绝地方官员从中作弊。

其实,这项改革并不是一蹴而就的,而是经历了半个世纪的试行,许多政治人物做出重要贡献。嘉靖九年(1530年),户部尚书梁材根据桂萼关于编审徭役的奏疏,提出革除赋役弊端的方案。次年,御史傅汉臣将这种"通计一省丁粮,均派一省徭役称之为"一条鞭法"。随后,朝廷在江苏、安徽、浙江、福建、广东等赋役繁重的一些州县推行。由于赋役改革触及官绅地主利益,阻力重重,进展缓慢。

隆庆六年(1572年),时任户部尚书的王国光,组织人员对全国土地、人口底数清查,费时逾年,编辑成册。于万历四年退休之际进呈,皇帝称赞他"留心国计",令户部订正。及书成,诏褒谕焉。

万历六年,朝廷下令继任户部尚书张学颜,对王国光呈送的会计录进行订正，历时三年，万历九年正式颁行，形成著名的《万历会计录》，为在全国推行"一条鞭法"提供翔实的理论依据。从中可以看出，王国光在《万历会计录》形成过程中发挥了举足轻重的作用。

《万历会计录》工程浩大，内容繁多，共计 43 卷 44 册，以地理区分，先全国，后以省冠府，以府冠县；以收支数额区分，以总数冠分数，以分数合总数；以收支门类区分，先全国田粮旧额岁入岁出总数，次省府州县分数，次边镇饷数，次库监，次光禄，次宗藩，次职官，次漕运，次仓场……各卷又细分章目，分目之下，又附沿革事例等。

在我国财政史上，《万历会计录》是一个非常了不起的创新，以货币代替实物，进行赋税改革，使全国各地的赋税收支有了稳定的参照系数，不至于出现大起大落的反常现象，有效遏制了地方官吏的贪污，为张居正推行一条鞭法提供了重要依据，对万历中兴起到不可低估作用。后来，《万历会计录》和"归并责成法"沿袭下来，成为明、清两代赋税征收的准则。

王国光（1512 年—1594 年），明泽州阳城县人，字汝观，号疏庵，万历初期政治家、财政家和文学家。嘉靖甲辰科进士，历任吴江知县、仪封知县、户部右侍郎总督仓场，后因病辞归。隆庆四年，起用为户部右侍郎，调任南京刑部尚书。万历元年，任户部尚书，在职三年辞归。万历五年，起用任吏部尚书，以考绩加太子太保，升光禄大夫，任职六年。在任户部和吏部尚书时，时值张居正主持朝政，辅佐张做了大量卓有成效的工作。张逝世后，他被弹劾落职，后皇帝念其功绩，令恢复原官致仕。

作为一名成功的政治家，王国光的仕途却充满戏剧性。从政四十余年，历经嘉靖、隆庆、万历三朝，由于宫廷斗争激烈，多次遭弹劾，几进几出，官运坎坷。但他仍心忧朝政，初心不改。最突出的成就是任职户部期间，不仅为大明王朝贡献了一部煌煌几十万言的《万历会计录》，而且做了许多实事。在负责粮食仓储和出纳时，边疆战事不断，内地时有农民起义发生，他对全国粮食精打细算，保障供需。推行天下抚按官制度，对粮食渠道统筹安排，将粮食出入牢牢掌握在朝廷手中。万历初年，神宗刚刚即位，改革呼声高涨，王国光顺应形势，对户部旧制度、旧秩序大刀阔斧裁撤合并，删除半数繁文，令所有官员入署办公，各司其职，提高效率。当边关军饷告急时，下令边臣认真核实数字上报，对虚报瞒报的官员加以惩治，使消耗、浪费锐减。还设"坐粮厅"，专门负责军粮督办，将散隶各司的钱谷归并，减少浪费，保障军需。明史称赞他："多才智，掌邦计时，多所建白。"

王国光不仅政治上获得成功，而且文学上成就斐然，善诗工词，游览所至，题诗挥毫，遗迹甚多，留有《王疏庵率意稿》。他的诗和书法，给人以潇洒飘逸、卓然不群之感。嘉靖四年清明时节，与同乡少年同登邻县沁水的鹿台山，留下一首七律："曲径攀崖登鹿台，天下胜景小蓬莱。星云日夜林中静，仙乐自空天宫来。天池如镜镶山嵩，石泉叮咚半山中。嫦娥闻声乐伴舞，迷恋人间忘返宫。"反映了少年的王国光热爱家乡美景，对未来充满憧憬的心情。到了晚年，则是物我两忘，闲庭信步。《七律·仙洞》云："仙居遥在水云西，一入青冥万壑低。拔地石精盘虎豹，撑天华表挂虹霓。横开锦秀光疑溜，乱踏琼瑶步欲迷。隐隐虫书环四壁，前程犹自显标题。"

壬寅春节假期，约上几个儿时同学，一起到天官王府寻旧。虽然还处暮冬，但空气湿润，植物泛绿，已有春的气息。天官王府是王国光的宅第，建于明朝中期，至今已有五百多年历史。因吏部尚书被称为天官，因此，他的宅第雅称为天官王府。据介绍，天官王府原为东西两处院落，呈棋盘格局，东院和石牌坊在清末塌毁，现仅存西院。内有达尊堂、听泉居和藏兵洞等建筑。达尊二字出自《孟子·公孙丑下》，"天下有达尊三：爵一、齿一、德一"。显示主人文化底蕴深厚，光耀乡里。

为了促进旅游业发展，当地政府已将天官王府辟为景区，投巨资维修，修旧如旧，景区所在村庄也被评为历史文化名村、中国明代第一村。中央电视台做过专门报道，知名度大大提高。天官王府和附近的皇城相府、郭峪古堡连成一体，共同构成阳城县城堡文化景区。节假期间，周围省市的群众前来游览，更有沿海省份的游客慕名而来，感受晋东南建筑文化的魅力。

王国光怎么也想不到，在他逝世四百多年后，仍泽被家乡。

这就是文化的力量！

以"天下之法"取代"一家之法"的黄宗羲

　　浙江余姚是个物产丰富、风景优美的好地方，蕴育出许多杰出人物，古有严子陵、王阳明、黄宗羲、朱舜水，现代则有余秋雨。因此，享有"姚江人物甲天下""文献名邦"的美誉。

　　一个秋雨绵绵的午后，和好友结伴来到余姚，找寻黄宗羲的踪迹。城边国道旁坐落着先生故居，规模不大，典型的徽派建筑，白墙黛瓦，马头墙高耸，门脸窄窄的，人也不多，显得十分恬静。一进门便是黄宗羲半身雕像，后面是"经世致用"四个苍劲有力的大字，院内立有一些石碑。这里曾是先生讲学处，培养了万斯同、全祖望等很多人才，也是先生著书立说的风水宝地。

　　黄宗羲（1610年—1695年），浙江余姚人，字太冲，号南雷，别号梨洲老人，世称梨洲先生，著有《宋元学案》《明儒学案》《明夷待访录》等书，是明末清初著名思想家、史学家、经学家。他的政治思想、史学观，众所周知，自不待言，同时，对法律多有论述。《明夷待访录》集中体现他的政治法律思想。明夷来自《易经》第三十六卦"地火明夷"一语，明指太阳，夷是损伤之意，意指太阳消失、黑暗来临。明夷待访，暗含作者对当时社会的愤懑和批评，等待他拯救天下。

　　梨洲先生认为夏商周三代的帝王为了天下黎民利益建立各项制度，授田地、兴学堂、制礼仪、建军队等，都是兴公利的好事。自秦统一天下，建立帝国后，"唯恐其祚命之不长，子孙之不能保有也"，防患于未然，制定法律，维护专制独裁统治，提出"三代以上有法，三代以下无法"的观点。三代以上的法律是为维护天下人利益制定的天下之法，虽粗疏却能收到良好的治理效果，称之为"无法之法"。秦以下法律是保护君主独享天下存在的一家之法，法令虽详但并非为天下民众服务，只能称为"一家之法"。从公天下角度看，一家之法不配称为国家法律，是"非法之法"。他推崇三代之法，并非历史倒退，而是借复古批判清朝的政治法律制度。

在论述"无法之法"和"非法之法"的基础上，梨洲先生提出用"天下之法"取代"一家之法"的著名观点。"一家之法"存在法令繁杂、有法不依、压制贤才、胥吏横行等诸多弊端，君主谋取私利，残害百姓，成了官吏的后台，是社会动乱的根源。而"天下之法"是"天下为主君为客"，"天下之治乱，不在一姓之兴亡，而在万民之忧乐"。君主是被动的服从者，天下人是真正的权力和财产的支配者，天下人不论出身、职业，在政治、法律、经济上都有平等权利，为官者不因爵位而贵，平民不因出身而贱，天下之人拥有土地、财产，可以受教育。他针对荀子的"有治人无治法"的人治观点，鲜明地提出"有治法而后治人"的法治观，具有现代法治意味。他的"天下之法"是在看透明朝腐朽政治法律制度，尤其是总结秦帝国以来一千八百多年的专制统治弊端后提出的，注重维护民众的利益，为天下人服务，非常难能可贵。

黄宗羲的法制思想建立在其政治思想上。在政治上，他大胆抨击君主专制，主张限制君权。君主运用手中的权力，任意宰割人民，"敲剥天下之骨髓，离散天下之子女，以奉我一人之淫乐，视为当然"。传统法律的核心就是"君为臣纲"，维护君主的统治。君主利用官吏管理国家，不得不给予官吏一定权力，但又要牢牢掌握权力，防止臣下擅权，结果走向极权专制。儒生一旦出仕，迎合皇帝好恶，没有正义感，不讲道义，成为小儒。即使君主有错误也不敢指出来。特别是那些学而优则仕的儒生，为了保住荣华富贵，奴颜婢膝，不能担当大任，更不能治理国家，是导致明朝灭亡的重要原因。君主专权，不仅损害君民关系，而且损害君臣关系，必须限制君权。为此，他提出一些具体措施，如针对朱元璋废除宰相，主张恢复宰相，以此制约君权；主张学校议政，发挥老师和学生的参政议政的作用；主张地方分治，给予地方一定权限，调动地方理政的积极性。从中可以看出，他主张限制君权是为了更好地维护民众利益，治理社会。

梨洲先生的思想对后世影响深远。在二百多年后的清朝晚期，维新派的

"兴民权"、孙中山的"三民主义"、五四时期的"民主与科学"等，均受到黄宗羲民主启蒙思想的影响，被尊称为"民主启蒙思想之父"。即使在当代，他的天下观、法治观、社会公仆观、权力制约观，依然具有很强的现实意义。国务院前总理温家宝评价道："我喜读黄宗羲的著作，在于这位学问家思想有着朴素的科学性和民主性。身为天下人，当思天下事。而天下之事，莫过于万民之忧乐了，行事要思万民之忧乐，立身要先天下之忧而忧，后天下之乐而乐。"清华大学著名教授秦晖认为："黄宗羲的思想当然也有缺陷，但他在民权理论上确实有超越卢梭的地方。"梨洲先生的思想，富有时代色彩，开启后来者的思维，为近代改良派和革命派提供了锐利的思想武器，推动历史进步。

黄宗羲的政治法律思想，并不是空穴来风，而是有深厚的家学渊源和社会基础。他的父亲是东林党人，因弹劾魏忠贤被削职归籍，不久下狱，受酷刑而死。后来平反，刑部会审，出庭对证时，黄宗羲用藏在袖里的尖锥行刺许显纯、崔应元，为父报仇，人称"姚江黄孝子"。归乡后，他发愤读书，师从著名哲学家刘宗周，得蕺山之学，发现社会存在许多弊端，"愤科举之学锢人，思所以变之"，走上变革之路。崇祯四年，他参加"金陵大会"，成为社中活跃分子，还加入名士何乔远组织的诗社，在家乡与兄弟友人组织"梨洲复社"。明朝灭亡后，他参加反清复明斗争，几经沉浮，终归失败。灰心之余，回乡后延徒讲学，著书立说，撰写大量书籍，阐述他的反清复明以及治国理政的思想。清廷多次邀请他致仕，但以年老多病为由坚辞。

梨洲先生曾自云："初锢之为党人，继指之为游侠，终厕之于儒林。"正是他一生的真实写照。他博学多才，对经史百家以及天文、算术、乐律乃至释道，无不涉猎，尤其对史学研究成就很大，成为浙江史学的开创者。他以学派为脉络研究史学的方法——学案体，开创了我国编写学术思想史的先河，具有划时代的意义，为后世所沿袭。在经济方面发现赋税越征越多的"积累莫返之害"，被学者总结"黄宗羲定律"，对后世影响深远。

黄宗羲逝世后，葬在家乡余姚城边的化安山下，这里青山环抱，林木葱郁，景色宜人。作为无神论者，他力主不用棺椁，不做佛事，不做七七，凡鼓吹、巫觋、铭旌，一概不用。勉励后辈以先贤的高风亮节、著述传文，作为自生的楷模。临终前，他作诗明志："筑墓经今已八年，梦魂落此亦欣然。莫教输与鸢蚁笑，一把枯骸不自专。"看淡生死，不求荣耀，表现出唯物主义者的豁达人生观，足以令后人崇敬！

主张立法"一代之制"的王夫之

壬寅初春，北方仍然寒气逼人，南国已有丝丝春意。利用假期，一个人来到湘南衡阳，找寻王夫之踪迹。从衡阳县出发七拐八拐，费尽周折，终于找到曲兰乡湘西村，夫之故居就坐落在这个偏僻的小山村。首先映入眼帘的是赵朴初题的"湘西草堂"匾额，厅堂内挂着夫之的画像，像下是横幅"岳衡仰止"。左边是卧室，有床铺、被席、书桌笔墨等，右边为书房，陈列其著作，墙上挂着一些名家条屏、楹联等。院内有一株古藤，铁骨盘旋，蜿蜒上升，俗称藤龙，据说是王夫之所栽。就是在这里，他潜修17年，写下800多万字的著作，成为一代大儒。

王夫之（1619年—1692年），字而农，号姜斋，湖南衡阳人。祖上出自太原王氏，元朝时迁居扬州高邮，明初又迁湖南衡州。自幼跟随父兄读书，青年时参加反清起义，晚年隐居石船山著书立说，留有《读通鉴论》《周易外传》《尚书引义》《春秋世论》《黄书》等，自署船山病叟、南岳遗民，后世遂称之为船山先生。前半生处于改朝换代的大动荡时期，非常关注儒家文化的兴亡绝续，认为明清变革只是华夏族政治上的失败，导致夷狄坐大，但夷狄并无与华夏族相当的文化，华夏族文化尚有复兴之可言。因此，后半生选择隐居著述，潜心阐发传统政法之精义，寄希望于圣人之道未来再度发扬光大。

船山先生作为明末清初的思想家和哲学家，善于从朴素的辩证唯物主义视角观察问题、思考问题，提出许多闪着智慧光芒的思想观点。

在哲学上，他提倡不能离开人欲空谈天理，反对禁欲主义，批判程朱理学的"存天理、灭人欲"；提倡均天下，反专制；认为气是唯一实体，不是心外无物；揭示名、辞、推的辩证性质；提出理势合一的历史观和性日生而日成的人性论等。

在政治上，他主张以"夷夏大防"为核心的民族主义观。在《黄书》开篇即云："夫观初始于天地者，岂不大哉……清其族，绝其畛，建其位，各归其屏者，则涵舆之功所以为虑至防以切……是故圣人审物之皆然而自畛其类，尸天下而为之君长。"[1]人们之间组成的政治组织，主要职责是保类卫群。华夏族别于夷狄，要促进华夏族之发达，成为文化中"人极"大义。因此华夷之辨就是人极之则，民族大义因之而立。国家政权理应掌握在本族人手中，建立一切教化、政法诸生活，树立民族之正统和道统。以民族大义衡量历史，提出"孤秦陋宋"之说，秦始皇灭六国，建立中央集权专制帝国，为保皇位永固，大起猜忌之心，采取各种措施防范同族，而不用心于夷夏大防，皇帝成为孤家寡人，故曰"孤秦"。赵匡胤以藩臣夺取政权，猜忌防范之心更盛，采取各种措施防范臣下，弱其同种，对异族之契丹、女真、蒙古毫不措意，视苟安于已足，夷夏之防大溃，终被所灭，故曰"陋宋"。传统儒家文化认为华夏与夷狄的差别，主要在于文化，华夏不遵王化则沦为夷狄，如果夷狄接受华夏先进文化则进化为同类。王夫之则是以血缘、地理环境作为标准，夷狄永远是夷狄，绝无可能成为华夏。

正是从夷夏大防的民族主义观出发，在法律上主张立法成就"一代之制"。在《读通鉴论》中云："立法欲其彻乎贤不肖而俱可守，法不精研，而望人之能舍己从人也，亦不可得之数已。"[2]良好的立法能成就一代之制，泽被天下千年。在立法中要处理法的常与变、简与繁的关系。他认为变化的法制背后存在不变的理，理是本，具体的法律是末，末可因时而变，本则不可变，是常。从性质上说常是大经大法，维持纲纪，移风易俗，实现知人安民的效果。在定法立制时，注意常，才能制定出利国利民的良善之法。用现在的话说，立法坚持正确的指导思想，才能制定好的法律。同时，他主张法律去繁就简，认为繁密之法使得司法权力从天子之手转到吏胥之手，吏胥得以鱼肉百姓，繁密之法对君主和百姓皆有大害，唯一能从中渔利的是吏胥。而简易之法可以有效防止吏胥专权，增加法的确定性，可望实行宽仁之

---

〔1〕 李贵连、李启成：《中国法律思想史》，北京大学出版社2010年版，第119页。
〔2〕 李贵连、李启成：《中国法律思想史》，北京大学出版社2010年版，第121页。

政。王夫之用朴素的唯物辩证法对法律一些问题进行深刻阐述，极为难得。

他还提出成就"一代之制"的司法举措，如任法不如任道，严以治吏、宽以养民，明慎用刑而不留狱等司法观点。"任法不如任道"中的道是一种引导，通过上位者的表率发生作用，君王以仁民爱物之心对下实施教化，执简易之法以治不服教化的奸顽之徒，达到移风易俗的效果。用现在的话说，就是惩治和教育相结合，才能达到治理社会的功效。各级官吏大多是能人，联系君民之间，因此，人君治国，官吏便成为关键。吏治好了，民不难治。"严下吏之贪，而不问上官，法益峻，贪益甚，政益乱，民益死，国乃亡。"阐述得非常深刻到位。要处理好"明慎"与"不留狱"的关系，"法密而天下受其荼毒，明慎而不知止，不如其不明而不慎也"。既要慎重定罪量刑，又要及时判决，不要久拖不决，造成因犯滞狱。

王夫之先生气节亦可赞，为理想不为利禄所诱，不受权势所压。他以明朝遗臣自居，抗清失败后隐居著书立说，晚年身体有病，生活困顿，连纸笔也要靠朋友接济。晚年时，清廷官员造访这位大学者，赠送吃穿用品，但他拒不接受，并写了一副对联："清风有意难留我，明月无心自照人"，以表心迹。

船山先生的著书学说，恰如其凄苦身世，长时期湮没无闻。死后四十多年，其子孙上报朝廷，得以立传于儒林，但著作仍未流传。直到清晚期，曾国荃攻陷天京后，为弘扬儒学，在江南刻印《船山遗书》，世人才得以目睹其学说。在中兴名臣曾国藩的大力倡导下，在全国引起强烈反响，尤其在家乡湖南影响甚巨。曾国藩在《船山遗书》中作序云："荒山敝榻，终岁孜孜，以求所谓育物之仁、经邦之礼，穷探极论，千变而不离其宗；旷百世不见知而无所于悔。……虽其著述太繁，醇驳互见，然固可谓博文约礼，命世独立之君子已。"谭嗣同在《论六艺绝句》中评价道："万物招苏天地曙，要凭南岳一声雷。"章太炎在辛亥革命取得胜利后评价："船山学说为民族光复之源，近代倡义诸公，皆闻风而起者，水源木本，瑞在于斯。"他的学说在二百多年后为革命党人提供反清的理论依据，从而名声大震，影响深远。曾国藩、彭玉麟、谭嗣同、毛泽东等人深受船山先生思想的影响，毛泽东曾说："西方有个黑格尔，东方有个王夫之。"王夫之思想已成为湖湘文化的精神源头。

为弘扬王夫之的思想学说，当地政府在衡阳县内建立船山纪念馆，船山广场塑有铜像，南华大学设有船山学院，还有电影《南岳奇人王船山》《长河东去》等反映船山先生的事迹。前些年，有关部门举办王船山思想国际学术研讨会，探讨其时代价值，为当代服务，在世界得到广泛传播。

斯人已逝，但精神永存！

郑观应

——道、学、器结合的变法观

这些年已经养成习惯，无论走到哪里，总要抽空探寻一下当地的陈迹，一来了解城市的渊源，拓宽知识面，增加底蕴，二来积累素材，为写作奠定基础。

壬寅年九月，到北理工珠海学院任教，闲暇时间便开车在周围转转。离学校不远处，发现有一处郑观应的故居。它位于中山市雍陌乡，清代建筑，主体为三间两进院落，砖木结构。进入院里，只见前后天井两侧为雨廊，后进房顶灰塑博古脊，内有大厅和左右厢房，大厅中央设有贴金木雕神龛，周围布展着郑先生的生平事迹和书籍。这些建筑是郑观应兄弟为纪念其父出资修建的，规模虽然不大，但建筑精致灵巧，在当地也算是豪宅了。

由于历史学家将郑观应定位于买办商人，为洋人服务的，因此，评价不高，知名度不算大，他的思想理论不被国人所熟悉了解。近些年来，随着对他的研究不断深入，发现郑观应的思想具有很高的价值，尤其是政治法律思想具有超前性，超越了同时代的洋务派主张。

郑观应是一位与中国近代史相始终的历史人物，生于 1842 年，卒于 1922 年，字正翔，别号杞忧生，广东香山（今中山市）人。早年参加童子试未中，便弃学从商，跟随叔父到上海洋行，边听差，边学习英文，为后来与洋人打交道奠定了扎实基础。在盛宣怀的支持下，参与创办轮船招商局、开平矿务局、上海造纸公司、上海机器织布局、汉阳铁厂等企业，与各国商人往来，成为一位见多识广、经验丰富的著名企业家，善于总结提炼，提出许多经典名言，商战思想很有名，成为商战理论的代表人物。郑先生怀有浓浓的家国情怀，对政治法律感兴趣，阅读大量书籍，思考国家的前途命运，撰写《救时揭要》《易言》《盛世危言》等著作，其中《盛世危言》集中反映了他的政治法律主张，面世后对当时的思想界产生很大影响，成为早期改良派的杰出代表。

受传统儒家的民本思想熏陶，加之长期经商的特殊经历，郑先生怀有深厚的民本观，他说："民爱生于天，天赋之能力，使之博硕丰大，以遂厥生，于是有民权焉。民权者，君不能夺之臣，父不能夺之子，兄不能夺之弟，夫不能夺之妇，是犹水之于鱼，养气之于鸟兽，土壤之于草木，故其在一人，保斯权而不失，是为全天。其在国家，重斯权而不侵，是为顺天。"认为民权是人与生俱来的，不能被君、父、兄、夫剥夺，国家也不能随便剥夺。他指出："民与权俱起，其源在乎政府前。"明确提出天赋人权、主权在民的主张，显然受西方自然法思想的影响，吸收借鉴西方的民权观念，在一定程度上摆脱了儒家的民本思想束缚。

正是在这样的民权观基础上，提出了道、器、学结合的理论。郑观应在长期的经商中逐渐认识到洋务派提出的"师夷长技以自强"的不足，只强调学习西方的科学技术，不去探究西方国家富强的根源，可谓是舍本逐末。他认为西方国家的科学技术是"器"，资产阶级的思想理论和制度才是"道"。他说："议者皆知泰西之长技，而不知泰西立法之大旨本源焉。""诚如是，整顿军威以保社稷，复取西洋各国之兵法裕国足民，成充国用，而富强之道不亦伟哉。因势利导，转弱为强，愿天下有心人，研思而深体之。"郑先生把西方国家的政治、法律、军事思想和制度纳入"道"的范畴，已经明确超出传统理学的纲常礼教，冲破了"道"的一元论范畴，颠覆了作为洋务运动指导思想的"中体西用"论调。他明确提出"体用兼备"的观点，西方的议会制度、教育制度属于"体"的范畴，而工业制造、交通运输、军事训练属于"用"的外延，学习西方国家的制度体制，开国会，设议院，训练军事人才，改革司法制度。当然，为了缓和中西文化的冲突，也由于自身理论的局限性，并没有彻底放弃"中道西器"说，只是给这些学说注入新的创意，使之充满活力。

在"道"和"器"之外，郑先生灵活地运用"学"的概念，扩展"西学中源"的内涵。传统儒家讲究天、地、人三学，由天文学衍生出的一切自然科学属于天学，与地理学有关的自然科学属于地学，政教刑法属于人学。他则将与西学有关的内容融入到天、地、人学中，指出："今彼之所谓天学者，以天文为纲，而一切算法历法电学光学诸艺，皆由天学以推至其极也。所谓地学者，以地舆为纲，而一切测量经纬种植车船兵阵诸艺，皆由地学以推至其极者也。所谓人学者，以方言文字为纲，而一切政教刑法食货制造商贸工艺诸艺，皆由人学以推至其极者也。皆有益于国计民生，非奇技淫巧之谓也。"他将西方资本主义的政教法律制度归入"人学"的范畴，通过"学"将西方国家的政教法律制度与我国的传统文化相提并论，从而为变法改良提供合法的理论依据。

郑先生从法律文化学的角度对变法改良精心阐述，将政教刑法居于道、器之间，既满足了政教刑法远高于器物的传统观念，又适应了现实政教刑法不如西方的变法需要。他说："千古无不变之法，亦无不弊之政。"制度体制要适应时代的要求。

脱胎于洋务阵营的郑观应，以更开明的资产阶级改良派面貌走向历史舞台，在兴办洋务的过程中，认识到西方政治法律制度的先进性，提出效仿西方国家，实行君主立宪，开国会，设议会，分权制约，开放言路，给民众参政议政权，普及教育，改革司法制度，实行君民共治。他在认真考察英国、法国、德国等国政治制度后，认为英国的君主立宪制更适合中国国情。他在《盛世危言·议院上》中指出："故自有议院，而昏暴之君无所施其虐，跋扈之臣无所擅其权，大小官司无所卸其责，草野小民无所积其怨，故断不至数代而亡、一朝而灭也。"[1]设立议院的益处很多，可以制约君主权力，监督政府部门履责，为民众参政议政提供途径，化解民众的不满情绪。在议院的设置、职能和议事方式上，效仿英国，设立上、下两院，他说："遇有国事，先令下院议定，达之上院；上院议定，奏闻国君，以决从违。如意见参差，则两院重议，务臻妥协而后从之。"[2]在议院产生方式方面，主张自动产生和选举相结合，既有王公贵族，又有各阶层代表人士，共同治理国家。从上述言论可以看出，基本上是效仿英国的议会制度。

---

〔1〕 朱作鑫：《郑观应的法律思想》，华东政法学院2006年硕士学位论文。
〔2〕 朱作鑫：《郑观应的法律思想》，华东政法学院2006年硕士学位论文。

在司法改革方面，郑先生主张以西方的陪审制和律师制度代替传统的刑讯制度，他指出："外国不信问官而设陪审，秉正人员佐官判案，不容犯人之狡展以抗公平，而于是真情出矣。"[1]陪审制度的优点在于选举公正的陪审员协助法官断案，避免对法官的不信任，防止当事人隐瞒真情，防止状师讼棍舞文弄墨，误导法官。他还强调："无律师以代申委屈，则审官每为所愿。""明张其词，按律辩论之为得也。"[2]通过律师调查和出庭，维护犯罪嫌疑人的合法权益。他是我国最早主张建立律师制度的学者。

郑先生还是一位具有国际视野的改良思想家，在《盛世危言》中专门有《公法》《条约》等篇章，对国际公法的起源、性质、特征、作用以及外交领事关系做出深入论述。

民国以后，他的一套理论显然落伍了，便把主要精力倾注到教育事业上，长期担任招商局公学的住校董事兼主任、上海商务中学的名誉董事等职，改革教学内容，培养新型人才，成为教育家。"国之盛衰系乎人，不修学校，则人才不出。""欲教化其民，成其美俗，非学不可。""教育为立国之本。"等等，这些至理名言，现在仍然影响着教育事业。

出生于广东沿海地区，长期在上海、武汉等地经商，行走于东南亚诸国，与各国商人密切往来，使其具有国际视野，切身认识到当时的西方国家不仅科学技术先进，政治法律制度也优越，因此，他见识深远，政治法律思想超越了同时代李鸿章、左宗棠、张之洞等为代表的洋务派，成为近代早期的思想先驱，对康有为、梁启超以至孙中山都产生了很大影响。

久久地伫立在故居门前，仰望着先生的塑像，脑海里回荡他的商海人生，思考着他的思想见解，默念着他的治家格言……

其实每个时代都会产生巨人，有的声名远扬，有的鲜为人知，甚至有的湮没无闻，需要后人认真地挖掘弘扬。

---

〔1〕 朱作鑫：《郑观应的法律思想》，华东政法学院 2006 年硕士学位论文。

〔2〕 朱作鑫：《郑观应的法律思想》，华东政法学院 2006 年硕士学位论文。

变法而不变皇帝的康有为

在佛山市南海区一处风景优美的湖边，坐落着一座清代民居，青砖墙橡木结构，两房两廊，中间留有天井，客厅用黑色木板搭建阁楼，古色古香，典型的岭南风格。19世纪中期，康有为就诞生在这里，度过青少年时光，从这里走向全国，走向世界。

康有为（1858年—1927年），字广厦，号长素，因是南海人，被称为康南海或南海先生，是我国著名政治家、思想家、教育家，戊戌变法运动领导人。他童年时代受到严格系统传统教育，青年时代游学香港，亲身接触英国治下的新生事物，感到西方制度比中国传统君主制度优越。1882年，他借参加顺天乡试之机，游历了北京、上海等地，目睹租界的繁华，购买阅读大量西方政治法律书籍，坚定学习西方，改变传统落后制度的信念。从1888年至1898年，他十年间先后七次上书光绪帝，请求变法维新，其中第二次上书，即1895年，联合18省赴京应试的1300多名举人上书皇帝，即著名的"公车上书"，冲破了清朝立国两百多年来禁止士人干政的成规，在全国产生巨大影响。此后，他组织强学会，创办《万国公报》《中外纪闻》《强学报》等报刊，积极宣传变法维新思想。戊戌变法失败后，逃亡日本，后周游加、美和欧洲列国，组织保皇会，发表演说，撰写文章，鼓吹开明专制，历时十余年，影响颇大。清政府宣布预备立宪后，将保皇会改为帝国宪政会，支持君主立宪。辛亥革命胜利后，他反对共和，忠于清朝，与张勋等人发动复辟，拥立溥仪登基，彻底走向历史的反面，成为落后势力的代表。他的政治法律思想主张集中体现在七次上书和《新学伪经考》《孔子改制考》《大同书》等书里。

由于清朝长期处于传统理学统治下，形成根深蒂固的封建传统。要想变法改制，直接采纳西方的制度体制，必然遭到激烈反对，因此，康先生从孔子学说开始，托古改制，容易被人们接受。东汉经学家何休在《公羊传注》中提出社会演进过程分为传闻之世、所闻之世和所见之世三个阶段，即"公羊三世说"，康先生将之归纳为社会发展三世说：据乱世、升平世和太平世。他解释说君主专制时代属于据乱世，君主立宪属于升平世，民主共和属于太平世，民主共和制是人类最理想的社会，心目中的大同世界。人类不能超越时代，从专制社会直接进入民主共和时代。当今仍是专制社会，属于据乱世，百弊丛积，应顺应潮流，变法维新，才能进入君主立宪时代，进入小康升平世，同时完成救国保种的任务。他说："孔子生当据乱世，今者大地既通，欧美大变，盖进至升平之世矣。"他主张效仿日本明治维新，立宪法，设议院，开国会，实行君民共治，并提出变法具体措施，六项富国之法，四项养民之法，如设立银行，发行钞票；设立邮政，便利通信；修建铁路，收我利权；务农劝工，惠商恤穷等。

辛亥革命后，南海先生对立宪的认识更加深刻，指出不能盲目抄袭西方国家宪法，不能草率从事，应根据国情制定。他指出："各国政体，各有其历史风俗，各不相师，强而合之，必有乖谬，则足以致败者矣。"在比较各国宪法后，他认为君主立宪之宪法，各国互有出入，详略互异，君权民权国权，各有轻重。有的民主国宪法的民权，还不如君主国宪法。国体的美恶，政体的得失，不能只注意空名。

南海先生把立宪看成是维新之始，认为"各国之一切大政皆奉宪法为圭臬"，要"开制度局于宫中，选公卿、诸侯、大夫及草茅才士二十人充总裁，议定参预之任，商榷新政，章定宪法，于是谋议详而章程密矣"。他很早认识到宪法是治国理政的总章程，一个现代国家没有宪法是不行的，设立机构，延揽人才，汇聚智慧，制定宪法。

在目睹清朝法律的落后腐朽后，南海先生呼吁全面改革传统法律，"今宜采罗马及英、美、法、德、日之律，重定施行。"制定民法、商法、诉讼法等。"其民法、民律、商法、市则、船则、讼律、国际公法，西人皆极详明，既不能闭关绝市，则通商交际，势不能不概予通行。然则无律法，吏民无所率从，必致更滋百弊。且各种新法，皆我所夙无，而事势所宜，可补我所未备。故宜有专司，采定各律以定率从。"学习西方先进的法律制度，制定各种民商法，使士民工商有法可依，促进经济发展。

关于刑法思想，南海先生分析犯罪和刑罚产生的原因，他说："以贫困之故则不能忍，不能忍则有盗窃、骗劫、赃私、欺隐、诈伪、偷漏、恐吓、科敛、占夺、强索、匿逃、赌博之事，甚至则有杀人者也。不治其救贫之原而严刑之待之，衣食不足，岂能顾廉耻而畏法律哉。"[1]从经济和人性方面阐述犯罪原因，而不是一味强调打击犯罪，通过解决生存和人性需要，预防和减少犯罪，认识深刻，难能可贵。他理想中的大同世界是无讼无刑，没有国家、没有君主、没有家庭、没有私产、没有税役关津等引起的争讼，没有犯罪和刑罚，充分表达了他对理想社会的向往。

南海先生的思想分为两个阶段，早期主张学习西方的政治法律制度，组织强学会，创办报刊，公车上书，呼吁变法维新，顺应历史潮流，是积极的、进步的。戊戌变法失败后，面对以孙中山为代表的资产阶级革命派实行民主共和的要求，仍然顽固坚持君主立宪，抱住皇帝的牌位不放，提出"虚君共和"，就走向潮流的反面，成为历史前进的绊脚石。这点不如梁启超、章太炎。

毕竟在推动历史进程中发挥积极作用，国家和人民不会忘记南海先生的，充分肯定其历史贡献，广东地方政府出资修缮他的故居，兴建纪念馆，列为国家重点文物保护单位，展出他的生平事迹和著作，以供游人参观游览。

南海先生晚年在青岛居住创作，现辟为康有为故居纪念馆。纪念馆在市南区福山路，靠近小鱼山公园，为一座三层德式砖木结构小楼，风格别致，建筑典雅，环境优美。有空也可以逛逛，体验一下当年南海先生的感觉，不失为游学的一种方式。

---

〔1〕 李贵连、李启成：《中国法律思想史》，北京大学出版社 2010 年版，第 172 页。

化合中西的梁启超

一个秋日下午，和几个同道中人驱车来到江门市新会区，拜谒梁启超先生故居。疫情期间，路上车辆稀少，道路很是畅通，行驶个把小时，便到了。只见偌大的鱼池边，有一幢古色古香的青砖建筑，由正厅、便厅、饭厅和耳房组成，怡堂书室是先生少年读书的地方。院子中央矗立着先生铜像，一手紧握书卷，一手叉着腰，目光里透着坚毅，注视远方，形象地表现出忧国忧民、不断探索的神情。先生就是在这里度过童年时光，然后走向远方，成为一代思想大师。

梁启超（1873年—1929年），字卓如，号任公，又号饮冰室主人，广东新会人。他八岁学为文，九岁能缀千言，十七岁中举人，有神童美誉。长大后广闻博见，勤奋治学，著述1400多万字，留有《饮冰室合集》。梁任公不仅是近代著名的资产阶级思想家、政治家、史学家，而且还是法学大家，对法理学、法史学、宪法学有很深的造诣，对法的概念、法律与法理的关系、法治主义与法治精神、立法与国情、自治与法治等都有详细的论述，奠定了我国法制史的基础，对近代中国法学和法治建设有开创性贡献。

现在许多人包括许多学者，对梁启超的认识还停留在戊戌变法上，知道他和康有为一起组织领导公车上书和戊戌变法，属于资产阶级改良派，推动历史进步。殊不知，变法失败后，梁启超流亡东瀛十多年，学习吸收许多先进的理论，思想认识有了飞越。辛亥革命后又去欧洲考察一年多，继续探索，倡导新文化运动，支持五四运动，对改革我国法律文化和制度有了更深刻的阐述。

梁启超的法律思想大体可分为三个阶段：第一阶段是戊戌变法（1898年）以前，主张"中法为本、西法为用"。早年，梁任公追随康有为在政治上鼓吹君主立宪，法律上运用康有为的"公羊三世说"和西方进化论作为理论基础，阐述变法的必要性。他说："法行十年，或数十年，或百年而必敝，敝而必更求变，天之道也。"认为传统法律已不能适应社会发展，不可能将国家引向文明富强，"夫今日在列大竞争中，图保自存之策，舍变法外别无他图。""法者，天下之公器也；变者，天下之公理也。大地既通，万国蒸蒸，日趋于上，大势相迫，非可阏制。"他坚信只有及时变法，才可以保国，可以保种，可以保教。从理论和实践两个方面深刻阐述法律改革的必要性。他强调不仅要学西方的科学技术，制造坚船利炮，而且要学习西方的政治法律制度，在维护君主统治下进行改革，限制君主的权力，维护传统法律文化的主体地位，引进西方法律制度，加以改造完善。从这点上看，比洋务派有很大进步。

第二阶段为变法失败（1898 年）后到欧洲考察前（1917 年），主张"西法为主、中法为用"。变法失败后，被迫流亡海外十多年，在日、美等国阅读了大量西方政治法律书籍，亲身体验西方国家的民主、自由和法治，"思想为之一变，与前者若出两人"，对西方的政治法律制度高度评价。他认为"今世立宪之国家，学者称为法治国。法治国者，谓以法为治之国也。""对于今日中国而言，欲步入文明国家以摆脱衰弱境地，必效仿西方，推行法治主义，建设法治国家。法治主义，为今日救时唯一之主义。"这一时期，他主张以西方政治法律制度为范本，力图改造传统中国的政治法律制度，为建立法治国家铺平道路。对法理问题的研究，基本上按西方学者的思路展开，赞同采纳他们的基本观点，但梁任公注重立足国情，提出与西方学者不同的观点，如注重道德的教化作用，人的自由应受到法律的合理限制等。辛亥革命胜利后，他回到国内，出任袁世凯政府的司法总长，当袁世凯复辟称帝后，又策动蔡锷组织护国军反袁，后在段祺瑞政府出任财政总长等。从身体力行上，支持民国政府，拥护民主政治。而他的老师康有为还在抱残守缺，处于君主立宪认识阶段，显然落伍了。

第三阶段为欧洲考察后，主张"回归传统、化合中西"。1917 年，梁任公离开了屡屡受挫、备感失望的政界，将主要精力转向学术研究，前往欧陆考察一年多。面对一战后满目疮痍的欧洲，他亲身体验到先进的资本主义国家也存在许多弊端，尤其是政治法律制度存在顽疾，不能克服，如市场失灵、金钱崇拜、个人至上、国家治理能力有限、不注重道德建设等，对以前的观点产生怀疑，重新审视西方的政治法律制度。他说："权利之为物，其本质含有无限的膨胀性，从无自认为满足之一日。"个人"崇拜势力、崇拜黄金，成了天经地义"。"乃至社会组织中最简单最密切者如父子夫妇相互之关系，皆以此观念行之。"他强调："置社会组织于此观念之上而能久安，未之前闻。"遂得出结论，认为中国不能盲目学习西方国家的政治法律制度，否则，"如邯郸学步，新未成而故已失"。在经过多方面的考察后，梁任公对西方政治法律制度的认识，多了一份沉着冷静，少了一份盲从执着；多了一份客观与体验，少了一份臆测与空泛，更加理性，也更加客观。他认为中西文明各有所长，"舍西学而言中学者，其中学必为无用；舍中学而言西学者，其西学必为无本"。单纯的"醉心西法"，或者"恪守祖宗成法"，都不是明智选择，主张"拿西洋文明，来扩充我的文明；又拿我的文明去补助西洋文明，叫他化合起来成一种新文明"。他指出：中国不能盲目照搬西方法律制度，"万不能将他社会之思想全部移植"。我国传统法律文化中包含许多优秀成分，必须吸收借鉴。要用西洋人研究学问的方法研究他，得知他的真相。至此，梁任公的思想经过螺旋式上升，升华到一个新的高度，对中西政治法律制度的认识进入成熟理性阶段。也有学者认为他落入"中学为体、西学为用"的窠臼，带有浓厚的守旧色彩。笔者以为，梁任公怀有强烈的家国情怀，以改造中国为己任，一生都在探索强国富民的道路，不断思考，不断进取，与时俱进，他的思想观点不会倒退，不会再回到变法以前的时期。也许，他对化合中西政治法律文化的论述不具体、不精准，但基本思路是对的，有许多合理的成分，值得后人学习借鉴。

近年来，随着对梁启超先生的深入研究，重新审视他的思想，尤其是对晚年的政治法律思想。学界也召开一些研讨会，发表一批学术论文，俞荣根、王杨、范忠信、彭敏、沈大明、李义发等学者对梁启超法律思想的演变进行深度探讨，充分肯定其价值，使我们对梁任公有更准确深刻的认识。现在普遍尊称其为我国近代思想界的一代大师。国家也重视梁任公的价值，北京、天津也修缮其故居，对外开放，以纪念梁启超先生的历史功绩。

杨深秀

——戊戌变法一君子

> 久拼生死一毛轻，臣罪偏由积毁成。
> 自晓龙逢非俊物，何尝虎会敢徒行。
> 圣人安有胸中气，下士空思身后名。
> 缧绁到头真不怨，未知谁复请长缨。

这是杨深秀戊戌变法失败后在狱中写的一首七律，表现出高风亮节、慷慨激昂、视死如归的英雄气概。他与谭嗣同、康广仁、刘光第、林旭、杨锐于1898年9月28日在北京宣武门外菜市口惨遭杀害，史称"戊戌六君子"。杨深秀在六君子中年纪最长，但不太有名，尤其与留有"我自横刀向天笑，去留肝胆两昆仑"诗句的谭嗣同相比，名声相去甚远。据说，当年杨深秀本来可以逃过此劫，前五位下狱后，他向慈禧求情，并劝归政光绪，触怒慈禧，这才断送了性命。了解这段历史的人们无法否认，杨深秀同样是一位大义凛然的英雄，值得后人深深怀念。

杨深秀（1849年—1898年），字漪邨，本名毓秀，山西闻喜人。聪明早慧，12岁成秀才，21岁中举人，榜列第三名经魁。22岁入京参加会试，未中。遂留京拜师求教，钻研汉学，力主今文经，尤喜《公羊传》。光绪三年，北方数省大旱，尤以山西为最。京城的晋籍官员和士人纷纷捐献银两，杨深秀毅然放弃科举考试，请假回乡，团结官绅，兴利除弊，组织赈灾。他以举人身份、满腹学问、高尚人品和刑部员外郎的官职，受到官绅和乡民的尊重，成为具有号召力的人物。灾后，杨深秀等人共议降低驿费，得到省里批准，减轻乡民负担。

光绪五年，山西巡抚曾国荃饬令重修《山西通志》，责令各县先修县志。杨深秀受县令委托，仅用半年时间完成《闻喜县志》的编纂，新创志斠、志补和志续三种体例，共十二卷。同时对地形图作一大改革，废黜八景，分列四图，限以棋局文，参以罗经向，每格纵横为十里，较为准确。

光绪八年，张之洞入晋主政。下车伊始，大刀阔斧地革弊兴利。杨深秀借此契机，联合地方乡绅，建言免除多年来压在新进生员身上的"公堂礼"摊派。终被上司批准，士子们无不拍手称快。杨深秀写了一篇《以里书银抵新进生公堂礼记》，刻于石碑上，现立于文庙牌楼前右侧，成为仅有的一件与杨深秀生前有关的石制文物。

杨深秀还应山西学政之邀，参加《山西通志》的编纂，负责撰写《星度谱》两卷和《古迹考》八卷。他利用天文、历法、地理等方面的最新科学成果，创造性编纂内容，使《山西通志》具有较高科学水准。

他还担任省城令德堂书院的协讲。在讲经中，以春秋公羊学启迪学生，教导大家勿沉溺于八股文，学习改制立法实务。他"高谈雄辩之概，诸生课余请业，竟委穷源循循无倦"。太原之刘友风、榆次之刘奋熙，皆其高材学生。

光绪十二年冬，杨深秀离并返京，到刑部销假。十五年参加会试，被取中贡士，参加殿试位列三甲。二十三年，山东发生了德国强占胶东半岛事件，杨深秀被授为山东道监察御史。他第一疏就极言改革，云："时势危迫不革旧无以图新，不变法无以图强。"第二年（1898 年）春，他和康有为加强联系，参加了保国会和变法运动。变法前夕，他首先上折，请定国是，明赏罚，指出："夫古今为政，未有东西未定，游移两可者。臣愚谓皇上，仍主守旧则已。若审观时变，必当变法。非明隆谕旨，著定国是，宣布维新之意，痛斥守旧之，无以定趋向，而革旧俗也。"光绪帝根据此折，终于定下决心，下诏宣布变法。6 月上疏弹劾礼部尚书许应骙阻挠新政。维新派湖南巡抚陈宝箴被人挟制时，他上疏辩护。每到关键时刻，或单独上折，或联合他人上折，提出指导性建议、方法或步骤。多为皇帝采纳，转成上谕颁行。在百日维新中，他上奏折计有 17 件之多。变法中，他不避艰危，援引古义，请慈禧撤帘归政，终至被害。可以说，杨深秀为变法鞠躬尽瘁，死而后已。

这位君子牺牲后，被儿子运回闻喜老家。他家无余财，生前没有积蓄，又遭抄斩，回乡后只有草草安葬，连一块石碑也未竖立。杨深秀身为御史，生前两袖清风，死后一抔黄土。

隆冬时节，笔者驱车来到闻喜县仪张村，只见一座用石块围砌的土坟，上面竖立很薄的墓碑，书有"戊戌志士杨深秀之墓"。仔细辨认，这是一通最普通不过的万古流芳碑，是省文物局和县文物局于 20 世纪 90 年代所立。不远处，公路上车水马龙，熙熙攘攘，与这里的凄凉氛围形成极大反差。

杨深秀自出道以来，秉持以澄清天下为己任，无论是回乡赈灾、讲学编志，还是担任监察御史，都表现出强烈的事业心和责任感，尤其是在百日维新中更是表现出舍我其谁的历史担当，为推动历史前进大义凛然，舍生忘死。林则徐诗云："苟利国家生死以，岂因祸福避趋之。"古之仁人志士的精神在他身上又一次得到充分体现。

中华民族的历史车轮，正是杨深秀一样的无数仁人志士推动前进的！

"不住故常而日新"的谭嗣同

望门投止思张俭，
忍死须臾待杜根。
我自横刀向天笑，
去留肝胆两昆仑。

这首七绝是谭嗣同决绝时写的，表达了对维新变法的志士们的无限期盼，也表明了自己视死如归的英雄气概。谭嗣同是戊戌六君子之一，而且是最壮怀激烈的那个君子，明明可以逃生，但却放弃生的希望，坦然走向死亡。他就是想用自己的死向顽固守旧势力做最后一次抗争，以自己的死去唤醒广大的麻木民众。"各国变法无不从流血而成，今日中国未闻有因变法而流血者，此国之所以不昌也。有之，请自嗣同始。"这铮铮铁骨之言，永远回响在华夏大地上，百多年来不知激励着多少仁人志士去战斗。

其实，谭嗣同真正投入变法的时间并不长，只有短短的三四年，但却能站在时代的最前列，成为著名的变法领袖，主因是他的思想观点激进，有些主张超越康有为、梁启超，尤其是他的法律思想，不仅领导维新改良，而且影响到后来的资产阶级革命派，甚至影响到五四运动，成为民主革命的先声。

"不住故常而日新"是谭嗣同的变法指导思想，其法律观由此形成。他认为："天以新为运，人以新为生。汤以日新为三省，孔以日新为盛德，川上逝者之叹，水哉水哉之取，惟日新故也。"天地万物都是变化的，人也是处于变化之中的，只有变革，社会才能进步，批评洋务派"器变道不变"的陈旧观念，主张不仅要学习西方的"器"，而且要学习西方的"道"，才能拯救国家和民族。

谭嗣同猛烈地批判"三纲五常",认为其是专制主义罪恶的根源,指出:"独夫民贼,固甚乐三纲之名,一切刑律制度皆依此为率,取便已故也。"[1]尤其君为臣纲是"一切酷毒不可思议之法","尔胡不忠,尔胡不孝,是当放逐也,是当诛戮也"。[2]长期的专制统治,使"民之俯首帖耳,恬然坐受其鼎镬刀锯,不以为怪"。他呼吁广大民众"冲决一切网罗",推翻人吃人的腐朽统治,建立"仁—通—平等"的社会。仁是通的出发点和归宿,通是为实现仁采取的行为和规则,平等则是取得的预期效果。他企盼在仁的力量支配下,做到四通:"中外通、上下通、人我通、男女内外通。"[3]中国与世界各国自由平等交往,国内民众打破等级约束,实现无等级的平等,消弭自己与他人的隔阂,爱无等差,消除门阀限制,提倡男女平等。

在批判"三纲五常"的基础上,谭嗣同主张全方位地学习西方的政治法律制度,尽变西方之策,"因有见于文化之所趋,风气之所积,非守文因旧所能挽回,而必变法始能复古,不恤首发大难,画此尽变西法"。认为西方的政治法律制度"博大精深,周密微至",提出尽变西法的具体内容,包括筹变法之费,利变法之用,严变法之卫,揽变法之才。他提出,为变法可以在社会上广集费用,节其侈费,毁寺观庙宇,熔佛像金顶,以取黄金白银,甚至变卖国家土地。他还大力倡导开办新式学校,为变法储备人才。

他的法律观就是在上述变法指导思想下产生的,主张开议院、兴民权、改官制、废罪名。他指出"西国于议事办事,分别最严,议院议事者也,官府办事者也,各不相侵,亦无偏重,明示大公,相互牵制。治法之最善而无弊者也"。[4]鲜明表达了推行立法权和行政权相分离的主张。同时,根据地方顽固守旧势力大的情形,提出充分发挥学会在地方中的作用,赋予广泛权力。因为学会是有学问、具有进步倾向的人组成,发挥好作用,有利于促进变法。他提出要赋予学会具有立法权、议政决政权、管理社会经济生活权、

[1] 杨方圆:《谭嗣同法律思想研究》,湘潭大学 2012 年硕士学位论文。
[2] 杨方圆:《谭嗣同法律思想研究》,湘潭大学 2012 年硕士学位论文。
[3] 杨方圆:《谭嗣同法律思想研究》,湘潭大学 2012 年硕士学位论文。
[4] 杨方圆:《谭嗣同法律思想研究》,湘潭大学 2012 年硕士学位论文。

培养输送官员的权力。"官欲举其事，兴其学，先与学会议之，议定而后行，议不合，择其说多者从之。""言理财，悉以养民为主义。众寡舒疾，互研其理，农矿工商，各精其术，斯固然也。有善堂者亦会之义也，苟尽取而并之于学会，或督其成，或分其役。"[1]这些言论充分表达了对学会作用的期望。

在民权问题上，谭嗣同主张"抑上权、兴民权"，指出"国家振兴庶政，兼采西法，诚以为民主政……主于为民开其智慧，裕其身家，其精乃能美人性质，延人寿命，凡生人应得之利益，务令其推扩无遗"[2]把办报纸作为兴民权的重要途径，呼吁"除购读译出诸西书外，宜广阅各种新闻纸，如《申报》《沪报》《汉报》《万国公报》之属"。[3]刊登宣扬学会的一些变法维新、救亡图存的言论，借以开启民智。他大力提倡新式教育、开办医院、改善妇女地位、修建城市基础设施。"博通各国语言文字，以翻译西书西报，以周知四国之为，以造就使才而四出游历，以长见识，以充学问。"[4]他提出："汲自来水，然电气煤气灯，以利民用；街道修，则疠疫之源塞；造公共之花园，以为养病却病之方。"[5]谭嗣同的主张非常具体，非常实在，处处为民众着想，体现了他的为民情怀。

从资产阶级民主思想出发，他认为清朝的许多罪名不人道，应该废除。在《短文》一文中提出废除"谋反、叛逆、会匪"等罪名。"彼君之不善，人人得而戮之，初无所谓叛逆也"。[6]他认为当时朝廷倒行逆施，老百姓不得已起来造反，恰恰说明政治法律制度腐败，应认真反省才是，而不应该处罚民众。他强调所谓"腹非、怨望、讪谤、大逆不道"等罪名，都是朝廷为箝制臣民借纲常名教的名义捏造出来的，不准人民公开结社，势必迫使民众秘密活动。他认为"立会"合乎社会公理，"会也者，生人之公理不可无也，今则不许其公，则必出于私，亦公理也"。他还主张废除枭首、车裂等

〔1〕 杨方圆：《谭嗣同法律思想研究》，湘潭大学 2012 年硕士学位论文。
〔2〕 杨方圆：《谭嗣同法律思想研究》，湘潭大学 2012 年硕士学位论文。
〔3〕 杨方圆：《谭嗣同法律思想研究》，湘潭大学 2012 年硕士学位论文
〔4〕 杨方圆：《谭嗣同法律思想研究》，湘潭大学 2012 年硕士学位论文
〔5〕 杨方圆：《谭嗣同法律思想研究》，湘潭大学 2012 年硕士学位论文
〔6〕 杨方圆：《谭嗣同法律思想研究》，湘潭大学 2012 年硕士学位论文

野蛮刑罚，做到文明执法。"是则以为当放逐，放逐之而已矣；当诛戮，诛戮之而已矣，曾不若孤豚之被执缚屠杀也。"残酷的刑罚伤害人们肉体，更恶劣的是造成人们心灵麻木，缺乏同情心，败坏社会风气。他批评曾国藩、左宗棠等人对太平天国镇压中，在金陵、扬州等地野蛮屠杀，应"服上刑"，追究刑事责任。

由于短暂的人生，谭嗣同没有时间和精力系统地研究法律，因此，其法律思想没有康有为、梁启超的系统，也没有严复的深刻，但其追求民主、自由、平等的勇气，他的壮怀激烈气概，足已在近代史上留下浓墨重彩的一笔。康有为评价其为"挟高士之才，负万夫之勇，学奥博而文雄奇，思深远而仁质厚，以天下为己任，以救中国为事，气猛志锐"。梁启超则称赞他"为国流血第一士"，评价可谓很高。

之所以能在短短的一生中，取得惊人的成就，和他的成长经历分不开的。谭嗣同（1865 年—1898 年），字复生，号壮飞，湖南浏阳人，但出生在顺天府（今北京），其父时为湖北巡抚，从小生活条件优渥。五岁时，得了一场重病，昏死三天，奇迹般地活过来，福大命大造化大，父亲又叫他复生。十岁时，拜三湘著名学者欧阳中鹄为师，对王夫之的思想极感兴趣，开始关注经世济民的学问，反感八股文，仰慕那些锄强济弱的草莽英雄，和京都的大刀王五结为生死不渝的挚友。二十二岁时，师从著名学者涂启先，系统学习古代典籍，接触算学、格致等自然科学。此后到兰州父亲的道署中读书。从小受到名师熏陶，加之自己刻苦勤奋，注定将来能成就一番事业。弱冠之年，已不满足于读书本上的知识了，要行万里路，亲身实践，先后游历直隶、甘肃、新疆、陕西、河南、湖北、浙江、山东、山西等十余省，结交一些名士，深切体会到民间疾苦。正是在游学过程中，培养起他的忧国忧民情感，走上了为国家及广大民众献身的道路。二十四岁时，在著名学者刘人熙的指导下，认真研究王夫之的思想，从中汲取民主精华和唯物主义的思想，同时阅读西方科学、史地、政治方面的书籍，进一步开阔视野。

1895 年甲午海战的惨败，对具有强烈民族责任感的谭嗣同来说，难以接受，对现有制度失望之极，大力呼吁改革。第二年，入京结识梁启超、翁同和等人，引为知己，从此走上资产阶级改良道路。1897 年，著成《仁学》

一书，成为维新派的第一部哲学著作。在老家湖南巡抚陈宝箴、按察使黄遵宪的支持下，聘请梁启超、唐才常等人开办学堂，筹办报纸，创办学会，大张旗鼓地抨击旧政，宣扬变法，推行新政，湖南一时引领全国风气。1898年，光绪颁布《定国是诏》，决定变法，谭嗣同被翰林院侍读学士徐致靖引荐给皇帝，和林旭、刘光第、杨锐等人授予四品卿衔军机章京，参与变法。不足百日，便告失败，引首就义。

谭嗣同虽然归类为资产阶级改良派，但是他的许多变法主张相当激进，猛烈批判君主专制和伦常名教，提出"冲决网罗、扫荡桎梏"等口号，闪耀着革命的火花。他的政治法律主张对后来的资产阶级革命以及五四运动产生重要影响。邹容的《革命军》、陈天华的《警世钟》等著作深受谭嗣同的影响。其中，《警世钟》一开头便是七言诗：

> 长梦千年何日醒，睡乡谁遣警钟鸣？
> 腥风血雨难为我，好个江山忍送人！
> 万丈风潮大逼人，腥膻满地血如糜；
> 一腔无限同舟痛，献与同胞侧耳听。

诗中流淌着谭嗣同的血脉，流淌着湖湘文士的家国情怀。这些情怀，从明末清初的王夫之思想里流传下来的，滋润着谭嗣同、陈天华，滋润着蔡和森，滋润着一代又一代的湖湘志士，为中华民族的复兴奋斗着！

沈家本

——我国法律现代化之父

离京都菜市口不远处，有一条名叫金井的胡同。胡同不宽，也不长。顺着胡同往北走，顶端有一处极普通的四合院。

进入院里，只见房子坐北朝南，呈长方形，三进格局。一进院为穿堂，西耳房两处各三间，东耳房五间，是二层小楼，中西合璧式砖木结构，为藏书楼，匾额上镌刻"枕碧楼"三个大字。二进院为正院，房面阔五间，东西配房各三间，接厢房和耳房。后院正面后罩房面阔八间，东侧为小院，有南房三间。整个院落并不大，但干净整齐。

院子曾经的主人便是我国现代法律史上赫赫有名的法律大家沈家本先生。

沈家本生于鸦片战争爆发的 1840 年，字子惇，别号寄簃，浙江吴兴人。祖父为举人，父亲沈丙莹中进士后，在刑部任职多年，谙熟刑律，因不阿附权贵，只做到司员一级。沈家本少年时随父定居帝都，饱读诗书。青年遭时多故，经历英法联军入侵北京，又值太平天国及贵州苗民起义，奔走于京湘黔浙之间，亲身经历了兵匪为祸百姓的种种暴行，深刻体会底层百姓的苦难生活及晚清政府的腐败无能，促使他思考治国强国的良策。这些经历对他以后主持法律变革产生了深刻影响。1864 年正月，他进京到刑部任职，次年考中举人，继续在刑部工作，开始长达三十多年的刑曹生涯。刑部的工作单调而呆板，长年周而复始的工作使他感到厌倦，时常流露出回乡归隐的情绪。但心中那份责任感和使命感，又驱使他认真严谨、忠于职守。多年的刑部磨练，加上天津、保定知府的实践经验，使他逐渐成为熟知法律、业务精湛的官员。沈家本办案尊重前人经验，注重实地查勘，查明案情。在天津任上查办郑国锦杀人案时，被害人身上没有伤痕，死亡原因无法从洗冤录中找到答案，于是他调来有经验的仵作，一起查勘，一起讨论，最终将死因查得水落石出，弥补了《洗冤录》不够详尽的地方。此案后补收录《沈寄簃先生遗书》的《寄簃文存》中。又如著名的北关教案，沈先生在保定知府任上，甘军奉命调防经过保定时，纵火烧毁保定北关外法国教堂。他迅速调处，此事本已平息，但法国教士趁机要求赔偿5万两白银和占有清河道旧道署，并以保定府署东侧房产也属于清河道旧址为由，要求一并划给教堂。沈家本以《保定府志》和碑文为依据，据理力争，最终保住了保定府署东侧房产。

在做好本职工作的同时，他还留心案牍，研究经史考证和律学，撰写了大量的经史考证和律学方面著作。《旧抄内定律例稿本》《驳稿汇存》《律例杂说》《刑法杂考》《刑案删存》等，便是这一时期的成果。

沈先生的进士之路颇费周折。从1862年到1883年，二十多年里先后参加七次科举考试，终于在四十三岁时高中进士。历任刑部右侍郎、修订法律大臣、大理院正卿、法部右侍郎和资政院副总裁等职。他既有执着坚韧、锲而不舍的精神，又有刚柔并济、灵活圆通的做事原则，在历经数次科举而不放弃中得以体现，更在后来面对重重阻挠主持修律，勇于和朝中最有权势的礼教派论战中体现。

1900年，英、日、美、葡等国与清政府续订条约时表示，希望清帝国能改良法律，即放弃在华的领事裁判权。迫于外国压力，清政府决定改法修律。但修律只是幌子，乞求洋人给点面子，归还领事裁判权，实质上仍然视传统礼教为命根子。1902年，沈家本被任命为修律大臣，主持修律。他积极设立修订法律馆，挑选纂修人员，聘请外国专家担任顾问，翻译西方法典，整理历代法律等，做好准备工作。但是，具体到变法修律，阻力很大，以劳乃宣、张之洞为代表的礼教派处处掣肘。在这种情况下，沈家本审时度势，小心谨慎，采取刚柔并济、灵活圆通的方式，化解阻力，使修律变法得以进行。

修律一开始，沈家本就明确提出把修律当成"变法自强的枢纽"，贯彻"参酌古今、博辑中外"的修律方针，指出法律的存废标准在于善与不善，而不在于是否符合纲常名教。这就为引进西方先进的法律制度，大刀阔斧地改造传统封建法律奠定了基础。在修律过程中，沈先生采用了以古释法、托古改制的方法，赞颂夏商周三代古制，强调三代古制包含了西方法律的精髓，只是后人没有继承好，才导致法律不断衰落。他充分利用自身精通古代典籍的优势，从旧律中找出开明、仁慈的成分，支持新律，为改革披上儒家外衣，使礼教派无从反对，在士大夫阶层中产生深刻影响。在当时的背景下，他不能也不敢直接倡导西方资产阶级的法制原则，只能机智地打着各国法律的精义不出中国法律之外的幌子，经常用圣人之言、三王之意来证明，将资产阶级法律中保护公民权利自由的一整套制度，当作仁政、爱民保民的措施和手段，用中学为体、西学为用的内核，将新学与传统儒家学说有机地结合起来，取长补短，使修订后的法律符合国情，更易于接受和实施。

尽管这种法律文化与资产阶级倡导的民权、民主还有很大差距，仍保留着封建主义的因素，但毕竟动摇了纲常礼教在中国法律中的统治地位，具有强烈的反封建性质和深厚的民主色彩。

沈家本主持修订的《大清律例》，废除重法，禁止刑讯，削减死刑条款，删除奴婢条例，统一满汉法律，增补毁坏铁路罪、毁坏通讯罪、私铸银圆罪等。1910年（宣统二年）颁行的《大清现行刑律》，受到广泛赞誉。他主持制订的《刑事诉讼律草案》《民事诉讼律草案》《大清民律草案》《钦定大清商律》等，由于清朝灭亡而流产，但为北洋政府所继承，稍加修改后，成为颁布的新法律。沈家本主持制定的法律草案，对国民党政府的法律制定，也产生重要影响。国民党政府六法全书中很多条文参考借鉴了沈家本主持起草的法律草案。

沈家本对现代司法制度的建立贡献良多。1906年，他在《审判权限厘定办法折》中提出全国审判实行四级三审制的方案，得到认可，随后主持拟订《大理院审判编制法》，对大理院以及京师各级审判厅、城谳局的设置和权限加以规范。次年十月，完成《各级审判厅试办章程》，并在全国范围推广，审判厅内设立相应检察机关。从而建立起我国审判、检察制度，他还创设律师制度，在《进呈诉讼律报请先行试办折》中，提出增设律师制度，含法律援助制度，并在《大清刑事民事诉讼法草案》第四章"律师"一节中，以九个条文对律师制度予以规范。他还改良监狱，主持拟定的《看守所规制》，首次提出已决犯、未决犯分监看押，监狱以感化为宗旨，教在押人犯学习劳动技艺，在法律学堂开设专门课程，培训监狱管理人才。在沈家本的推动下，现代监狱制度得以初步建立。

沈先生还开创现代法学教育和研究新格局。1906年，京师法律学堂开学，他任学堂事务管理大臣，1910年，出任北京法学会第一任会长。

正是基于上述意义，沈家本被誉为中国法律现代化之父。

随着清王朝灭亡，沈家本退出政界，回到枕碧楼上著书立说。1913年，完成最后一部著作《汉律摭遗》后，没有看到他起草法律的实施，就带着遗憾离开了这个新旧政权转换的世界。他在病榻上赋诗《梦中作》："可怜破碎旧山河，对此茫茫百感多。漫说沐猴为项羽，竟夸功狗是萧何。相如白璧能完否，范蠡黄金铸几何。处仲壮心还未已，铁如意击唾壶歌。"[1]临终前，仍挂念着国家前途和民族命运。

站在故居前，望着这座修葺一新的四合院，承载着沈先生变法修律过程中的多少风风雨雨。记得上大学时，李贵连老师讲中国法律思想史课，特意用一节课时间讲解沈家本的法律思想，给我留下深刻印象。李老师后来花了大量精力研究沈家本，出版了《沈家本传》《沈家本年谱长编》等著作，成为这方面的研究权威。二十多年前，我陪山西高院李玉臻院长到京城开会。会务之余，我俩到宣武门菜市口一带打听沈家本故居，许多人都不知道，费了很多周折才找到，发现已成为大杂院，住着许多人家。我们很是叹息。

随着国家对法制文物保护的重视，前些年，最高人民法院和北京市政府克服种种困难，在短时间内腾退一百多家老住户，投入巨资对故居进行修缮，然后组织人员布展，终于在2018年正式向公众开放，使我们得以亲眼目睹沈先生当年的生活风貌。

在推进社会主义法治国家建设中，没有忘记曾经为法治建设做出贡献的历史人物值得欣慰，更应弘扬为推动法治进步的法学大家的精神！

---

〔1〕 李贵连：《沈家本传》，广西师范大学出版社2017年版，第487页。

严复

——物竞天择的法治观

　　美丽厚重的三坊七巷，坐落着众多的名人故居，不乏林则徐、沈葆桢、陈宝琛、林觉民、冰心等风云人物，其中郎官巷 20 号是严复先生晚年居住的地方。据说，时任福建督军李厚基为先生从京都回乡后所购，先生一生中的最后时光在这里度过。庭院内前天井宽阔，两侧为回廊，西廊有边门通向西花厅。后天井仅三米见方，左右有披舍。花厅靠北为双层楼平房，楼下是敞厅，楼上为单开间，室内白灰平漫天花，前后走廊、栏杆均为仿西方建筑纹饰，保留当年的装修风格。

　　主座厅堂悬挂"吾宗之光"四个大字，取之其孙女辜严倬云和孙女婿辜振甫的祭文，暗含先生原来名字"严宗光"之意，也体现了后辈的一份崇敬之心。

　　在我国近代史上，严复先生是一个标志性人物。严复（1854 年—1921 年），原名宗光，字又陵，后改名复，字几道，福建侯官人。虽然定位于资产阶级改良派，但不同于康、梁从传统的公羊学说阐释变法主张，而是另起炉灶，从英国的达尔文、赫胥黎等人的思想出发主张变法，提出许多新思想、新主张，这源于先生在英、法等国的宝贵经历。留学期间，他对西方资产阶级政治法律思想和制度产生浓厚的兴趣，经常旁听案件审理，做了大量实地调查，认真思考，特别是翻译孟德斯鸠的经典著作《论法的精神》，并加了许多按语，阐述他的法律思想和观点，揭露批判清王朝政治法律制度的腐败。先生没有专门的法学著作，其法律思想和观点散见于翻译的著作里。

　　严复的变法思想源于达尔文的天演进化论。他翻译了达尔文的《天演论》，深受进化论的影响。他说："物竞者，物争自存也，以一物与物争，或存或亡，必有其所以存，必其所得于天之分，自致一己之能，与其所遭值之时与地，及凡周身以外之物力，官其相谋相济者焉，夫而后独免于亡，而足以自立也。"[1]又云："天择者，择于自然，虽择而莫之择，犹物竞之无所争，而实天下之至争也。"[2]从天之道推延至人之道，引申出人类的行为准则，是为社会达尔文主义。他说："法犹器也，犹道涂也，经时久而无修治精进之功，则扞格芜梗者势也。以扞格芜梗而与修治精进者并行，则民固将弃此而取彼者亦势也。此天演家所谓物竞天择之道，固如是也。"[3]政治法律制度就像大自然变迁一样，必须与时俱进，天亦变，道亦变，乃是自然规律。先生对顽固守旧派进行猛烈批判，认为专制是没有法律的君主统治。秦帝国以来虽然颁布许多法律，但只是统治臣民的，而皇帝不受约束，是专制主义的法律。他说："中国立宪，固已有四千余年，然而必不可与今日欧洲诸立宪国同日而语。今日所谓立宪，不止有恒久之法度也，将必有其民权与君权分立并用焉。有民权之用，故法之既立，虽天子不可以不循也[4]"。他还对洋务派的变法思想进行批驳，认为"洋务变法，不是真变法，而盗西法之虚声，而沿中土之实弊"。可谓一语中的，一针见血。

在政治观方面，严复强调自由和民权。他指出："小己自由尚非所急，而所以祛异族之侵横，求有立于天地之间，斯真刻不容缓之事。故所急者，乃国群自由，非小己自由也。"[5]进一步阐述："外患深者，其内治密；其外患浅者，其内治疏。疏则其民自由，密者反是。"个人自由与外患深浅成反比，没有外患时，可放松对个人自由的限制，外患越深，个人自由越少。其见解不可谓不深刻。先生认为自由是西方文化的精髓，中国需要引入自由，但国家危机深重，在一定程度上需减损个人自由，以维护国族自由，绝不能让当权者主动以国族自由为名取消个人自由。在百多年前，能如此客观辩证地认识到国家自由与个人自由的关系，实难能可贵。先生认为自由的根本在于民权，而民权需要制度来保障。这个制度就是君主立宪，学习英国的

---

〔1〕 李贵连、李启成：《中国法律思想史》，北京大学出版社 2010 年版，第 200 页。
〔2〕 李贵连、李启成：《中国法律思想史》，北京大学出版社 2010 年版，第 200 页。
〔3〕 李贵连、李启成：《中国法律思想史》，北京大学出版社 2010 年版，第 200 页。
〔4〕 李贵连、李启成：《中国法律思想史》，北京大学出版社 2010 年版，第 201 页。
〔5〕 李贵连、李启成：《中国法律思想史》，北京大学出版社 2010 年版，第 204 页。

君主立宪制，通过制定宪法限制君主的权力，限制君主权力的滥用，才能保障人民的权利。"盖立宪之国，虽有朝进夕退之官吏，而亦有国存与存之主人，主人非他，民权是已。民权非他，即以为此全局之画长久之计耳。"[1]

严复的法治观正是在物竞天择的哲学观和君主立宪的政治观的基础上产生的。他认为法治不单纯是简单地以分权制衡展开的立法权、行政权和司法权行使，关键是通过推行地方自治，以新民德。没有地方自治作为基础，开发民智，培养民德，国会是靠不住的。他被选为资政院议员，却经常迟到早退，甚至不参加会，遭到其他议员批评。先生非常重视司法权的行使，批判司法的黑暗惨无人道，与沈家本等人呼吁废除凌迟、枭首等酷刑，废除刑讯逼供，保障人权。他指出："故西国之狱，绝少冤滥，而法官无得贿鬻狱枉法之事。讯鞫之时，又无用于刑讯。此立宪司法之制，所以为不可及，而吾国不可不学者，此甚最矣。"[2]对西方先进国家的司法制度，只看到其先进的一面，没有看到黑暗的一面，其实英法等国司法也存在许多腐败现象。

总的来说，严复与同时代的思想家相比，头脑更加清醒，充分认识到变法的艰难，变法不是起死回生的特效药，不会立马见效。需要大力推行地方自治，开发民智，培养民德，为立法、司法改革打下坚实基础。历史学者将先生定位于资产阶级思想启蒙家是精准的，最恰当不过的。

其实，先生并不是搞文科的，早年学习海军知识，考入福建马尾局附属海军学堂，后留学英国，在攻读海军专业的同时，对政治法律学说产生浓厚的兴趣。回国后，他担任北洋水师学堂总教习、会办、总办等职。甲午战败，对他刺激很大，翻译赫胥黎的《天演论》，大声疾呼"中国之必变，变之而必强"。后来又翻译亚当·斯密的《原富》、斯宾塞尔的《群学肄言》，为国人提供全新的视角，对当时的知识分子起到重要的启蒙作用。蔡元培先生评价为"五十年来介绍西洋哲学者，要推侯官严复为第一"。胡适称"严复为介绍近世思想之第一人"。

位于三坊七巷的故居是先生从京都回乡后居住的，仅待了一年多便离世了，现辟为故居，介绍先生的生平事迹和家族渊源。先生的孙女严停云为台

---

〔1〕 李贵连、李启成：《中国法律思想史》，北京大学出版社 2010 年版，第 207 页。
〔2〕 李贵连、李启成：《中国法律思想史》，北京大学出版社 2010 年版，第 208 页。

湾地区的著名作家，在《吾祖严复》《郎官巷里的童年》等散文中，娓娓动听地讲述郎官巷的故事，让读者了解熟悉当年的生活掌故。先生的祖宅和坟墓也在福州郊区的盖山镇阳岐村，被列为第六批全国重点文物保护单位加以保护。

现在国家终于走上改革开放之路，人们的生活水平日益提高，国家综合实力不断增强，列入世界民族之林，更应纪念当年奋力振臂呐喊的严复先生，纪念推动民族进步的人们，纪念所有为国家振兴促力的人们。

唯有此，我们才对得起为民族复兴、国家进步做出贡献的先辈们！

孙中山

——法治与民权结合的典范

　　一个风和日丽的下午，和几个同道中人驱车来到中山市翠亨村，参观孙中山故居。只见路旁矗立着个巨大的牌坊，上面镌刻"天下为公"四个大字，白底蓝字，让人肃然起敬。进入园内，右手不远处，一座两层西式小楼映入眼帘，大门两旁为对联："一椽得所，五桂安居。"据介绍，这楼是孙中山亲自设计的，用兄长孙眉从檀香山寄回来的钱修建的。楼内中间为正厅，摆放孙中山的巨幅画像，北边耳房为孙先生和原配夫人卢慕贞的卧室，摆放着当年用的大木床、梳妆台和凳子。二楼南边则是书房，墙上挂着主人17岁时的照片，布展着书桌、台椅、铁床等物品。孙中山正是在这里研读大量书籍，探索救国救民的真理，从这里走向全国，走向世界。

　　众所周知，孙中山是中国近代伟大的革命先驱，创建了第一个革命团体——兴中会，领导辛亥革命，推翻了长达两千多年的封建统治，建立了我国第一个同时也是亚洲第一个共和国，功勋卓著，为后世景仰。

　　孙中山不仅是伟大的民族英雄、民主革命先驱，还是富有创新特色的法律思想家。他的法律思想是以三民主义为理论基础的。受美国总统林肯的"民有、民享、民治"理论影响，孙中山提出民族主义、民权主义和民生主义。在旧三民主义中，民族主义基本内容为"驱除鞑虏，恢复中华"，只有反封建，没有反帝救亡的内容，在重新解释三民主义时，明确提出反对帝国主义，他说："国民党之民族主义，有两方面的意义：一则中国民族自求解放；二则中国境内各民族一律平等。"克服了以往的大汉族主义，对外中国民族自求解放，对内各民族一律平等，共同组成统一的中华民族。

民权主义是三民主义的核心，也是孙中山法律思想的基石。他的各种法律主张都是建立在民权主义基础上。主要内容为推翻腐朽的君主专制统治，建立共和制民国。民权主义起初受西方天赋人权的影响，到新三民主义时期，从重视人权发展到重视民权，主张人人都有参政议政的权利。他指出："今者由平民革命，建立民国政府，凡我国民皆平等，皆有参政权，大总统由国民共举，议会由国民共举之议员构成之，制定中华民国宪法，人人共守，敢有帝制自为者，天下共击之。"[1]在总结各国政治制度优劣后，孙先生提出民权主义由选举权、创制权、复决权和罢免权组成，强调："为国民者不但有选举权，且兼有创制、复决、罢官诸权也。""必具有此四大民权，方得谓纯粹之民国。"[2]将这四种权利分为两类：一类是选举权和罢免权，属于人民管理政府官吏的权力。全国实行分县自治，人民直接选举官吏，直接选举代表参加国民大会，组成最高权力机关。同时，还须有罢免权，对贪污受贿、懒政惰政的官吏予以罢免。另一类是创制权和复决权，属于管理法律的权力，创制权指立法废法的权力，复决权指修改法律的权力。"立法院若是立了好法律，在立法院中大多数议员通不过，人民可以用公意赞成来通过。"[3]他非常重视用人民的力量监督立法院。

民生主义是三民主义中最有特色的部分，是他自认为超越西方理论的地方。他把民生概括为土地和资本两大问题，提出"平均地权，节制资本"的主张，解决农民和工人生活问题，大力发展工业，使国家富足起来。

在总结各国宪法优劣的基础上，根据权能分治的理论，提出"五权宪法"，即立法权、行政权、司法权、考试权和监察权。权能分治学说主张人民掌握政权，政府实施治权，把政治权分为政权和治权两种，"政是管理众人之事，集合管理众人之事的大力量，便叫做政权，也可以说是民权；治权可以说是政府权"。政权是管理政府的力量，如立法权、监察权、司法权，治权是政府自身的力量，如行政权、考试权。按照权能分治理论，必须把政权和治权分开行使，相互制约，才能治理好国家，不产生腐败。国民党取得

---

[1] 李贵连、李启成：《中国法律思想史》，北京大学出版社2010年版，第243页。

[2] 李贵连、李启成：《中国法律思想史》，北京大学出版社2010年版，第243页。

[3] 李贵连、李启成：《中国法律思想史》，北京大学出版社2010年版，第250页。

政权后，按照孙中山的"五权宪法"理论设置的行政、立法，司法、考试和监察五院。五权都属于治权，根据五权设立的五院都在总统统率下，分工合作，共同对总统负责。因此，五权宪法与西方国家的三权分立制度是有重大区别的。

他非常重视宪法的作用，认为宪法是人民权利的保障书，是监督和制约政府权力的重要保障。他发动的护法战争，就是维护《中华民国临时约法》，要求袁世凯政府认真履行宪法。虽然失败了，但认真履行宪法，制止独裁的精神可嘉。

中山先生出生于广东沿海地区农村，从小干农活长大，在香港学医后，便走街串巷给农民群众看病，经常接济穷苦百姓，对农民怀有深厚的感情。因此，在他的理论中，民权和民生占有非常重要的地位，不仅要改善底层群众的生活状况，而且把法制和民权结合起来，用法制手段保护百姓的合法权益。他对清朝的司法黑暗腐败猛烈抨击，指出："民事诉讼是公开的受贿竞赛，刑事诉讼程序只不过是受刑的代名词——没有任何预审——对被告进行不可名状的、难以忍受的严刑拷打，不仅对可能有证据的嫌犯是如此，而且对被任何一个兵勇或者地位较高者告发的人也是如此。"[1]"处理刑事案件的全部程序都在于用刑，一个被带来回答犯罪指控的人，一开始就受抽打，不管有何证据。一个问题还没提，就在其背上打一百大板。"[2]针对存在的弊端，提出司法改革主张。"他强调："只有王朝的变换使至少旨在公正、纯洁、为生命财产安全提供某些公开保障的司法制度改革成为可能，才能取得社会、商务、政治、内政及其他任何方面的进步。"[3]只有推翻腐败无能的清政府，才有改革司法制度的可能，制定宪法、刑法、刑事诉讼法等法律，保护人民的基本权利。

中山先生的一生都处于动荡的革命生涯中，居无定所，身无多少财产，时常还有生命危险，经历伦敦蒙难、陈炯明叛变，几次死里逃生。他晚年为推翻北洋军阀的统治，发动二次革命，组建中国国民党，提出"联俄、联

---

〔1〕 李贵连、李启成：《中国法律思想史》，北京大学出版社 2010 年版，第 24 页。

〔2〕 李贵连、李启成：《中国法律思想史》，北京大学出版社 2010 年版，第 241 页。

〔3〕 李贵连、李启成：《中国法律思想史》，北京大学出版社 2010 年版，第 252 页。

共、扶助农工"三大政策，使中国革命的面貌焕然一新。最后，为南北统一，抱恙北上，病逝于北京，年仅 59 岁。毫不夸张地说，中山先生真正做到了鞠躬尽瘁，死而后已。

孙中山先生不计较名利，为民众利益勇于牺牲自己。中华民国成立后，为促成南北统一，避免战火再燃，主动辞去刚做不久的总统职位。古今有几个统治者能做到？

中山陵高大巍峨，庄严肃穆，静静地坐落在紫金山半山腰。每年有成千上万的民众参观悼念孙中山先生，缅怀他的丰功伟绩。

为争取民族独立，为劳苦大众奉献一生的人，必将受到世世代代人民的爱戴和怀念！

钟情于良法美俗的章太炎

　　一个冬日下午，独自一人驱车来到美丽温柔的杭州城，探寻国学大师章太炎的踪迹。塘河畔的仓前老街坐落着大师的故居，院落为四进一弄，坐北朝南。首先映入眼帘的是序厅，中间陈列着一台很精致的四抬大轿，墙上布展着章太炎的生平事迹和自传。正厅为扶雅堂，陈设当年喜庆祝福、宴会宾客、乡贤聚首、文士雅集的生活场景。内堂则是家人们居住娱乐的地方，过道东边为书房，是大师青少年读书之处，据说家教甚严，为学习吃了很多苦头，也正是在这里打下了扎实的国学功底。后面的厅堂为陈列室，矗立着大师的半身石像，周围墙上是家族的世系表和大师的书法真迹，最后是读书阅览室，当地不定期举办一些讲座，传承弘扬国学文化。

　　被鲁迅称为"有学问的革命家"的章太炎（1869年—1936年），原名炳麟，字枚叔，别号太炎，浙江余杭人（今杭州余杭），不仅是近现代民主革命家、思想家，而且是国学大师，还是著名法学家。由于身处社会大动乱、大变革时期，加之独特的经历，其一生思想复杂多变，充满矛盾。他深受传统文化的影响，从旧营垒中冲杀出来，先是谢本师、断发绝交，继之与康梁先合作后决裂，与孙中山也是反复合作决裂，拥袁反袁，后是反对新文化运动，宣扬尊孔读经，晚年则坚持反帝爱国立场，反蒋抗日，完全具备了传统士大夫的"士可杀不可辱"精神，认定方向便百折不回，一辈子不断追求进步。

　　在政治上，章太炎既是专制帝国的反叛者和掘墓人，又是商韩法家的公开辩护人；既是民国的设计者，又是西方代议制的批判者。他主张民族、民权和个人主义，认为凡是政府的皆罪恶，但又不能没有政府，只能选择祸害最小的没有代议的共和政体，反对代议，主张民权共和。他认为代议乃封建遗制，不适合平等社会，不适合国情，议员不能代表民意。议员以权势和其他各种手段获选，当选后置选民之意于不顾，更有甚者，"有私罪，不得举告，其尊与帝国之君相似"，[1]俨然"议皇"。中国"不欲有一政皇，况欲有数千百议皇耶?"[2]在具体政体方面，主张分"四权"，置"四法"，在行政、立法、司法三权基础上加上教育权，辛亥革命后，又加上纠察权，与孙中山先生的五权宪法基本相同。他主张限制大总统权力，以防民主专制之弊。在分四权的基础上，"当置四法节制之"。一是"均配土田，使耕者不为佃奴"。二是"官办工厂，使佣人得分赢利"。三是"限制相续，使富厚不传子孙"。对财产继承加以限制，富人不能把全部财产传给子孙。四是"公散议员，使政党不敢纳贿"。赋予人民解散议院的权力，政党不敢受贿。通过分四权、置四法，做到抑强辅微、抑官伸民、抑富振贫，防止贫富悬殊，防止官僚资本家垄断国计民生。这些思想与孙中山先生的平均地权、节制资本有异曲同工之妙。

过去学界对章太炎的研究主要集中在政治和国学方面，认为他是近代民主政治家、思想家，又是朴学大师，对训诂、考据学贡献巨多，对其法治思想的研究较少。其实，章太炎对法治论述很多，提出许多法律思想。一些教科书把章太炎法律思想专列为一节，与孙中山、宋教仁法律思想并列，开始重视对章太炎法律思想的研究。

章太炎从人性恶论出发，推崇荀子、韩非子等法家思想，为重刑主义辩护。他认为历史上重刑分两类：一类是"以刑维其法"，用重刑保证法律实施，如商鞅、韩非子等；另一类是"以刑为鹄"，重刑的目的不是保证法律的实施，而是讨好人主，满足自己的私欲，如公孙弘、张汤之流。商鞅是政治家行法治，张汤之流不过是刀笔吏。他斥责董仲舒春秋决狱的做法，"舍法律文明，而援经诛心以为断，无异于为法之蠹"[3]，还批评朱元璋的"诵洛闽儒言，又自谓法家"的做法，认为儒法相渐，人法并治，愈治愈乱。同时期法学大家沈家本推崇唐朝法律，章太炎则推崇"魏晋宋齐梁"五朝法

〔1〕 李贵连、李启成：《中国法律思想史》，北京大学出版社 2010 年版，第 257 页。
〔2〕 李贵连、李启成：《中国法律思想史》，北京大学出版社 2010 年版，第 259 页。
〔3〕 李贵连、李启成：《中国法律思想史》，北京大学出版社 2010 年版，第 254 页。

律，认为五朝法律宽平无害。在《五朝法律索隐》[1]中他指出，虽然五朝法律残缺不全，但"举其封略，则有损上益下之美；抽其条目，则有抑强辅微之心"。经过仔细研究后，他认为五朝法律有四大优点：一是重视生命，"父母杀子者同凡论"，父母杀死子女和子女杀死父母同罪同罚，定罪量刑没有区别。晋律规定"走马城市杀人者不得因过失论"。明知都市人多而跑马伤人的以故意论罪，不得以过失论处。二是恤无告。魏律规定"谋杀、故杀、贼杀诸科，官未能理者，听其子姓复仇"。这三类犯罪，如果官府不管，可以允许其子孙自行复仇。三是平吏民，魏律规定"部民杀长吏者同凡论"。民杀官与一般杀人同等论罪，不应加重。梁律规定"官吏犯杖刑者如律"，官员犯罪，笞杖多少，制成法律条文，不准用罚俸禄代替刑罚。四是抑富人。晋令规定商贾皆殊其服，商人著巾，额头上写明住所、姓名，穿白鞋，以区别身份，在官者不得与商人为伍。这有点歧视商人的味道了。

立法方面，章太炎特别重视本土性，重视国情，从民情风俗角度立法，不能照搬照抄西方法律。他强调中国是具有悠久历史的国家，美国是新创立的国家，可以根据需要创造，没有习惯的约束。法国是破败之国，推翻一切建造。中国如果制度建造与习惯相反，则一定不能实行。他批评清政府设官建制，不注重考察民情，贸然照搬日本制度，还对民国初年创制新法，不考虑民情风俗提出批评，主张中国法律应由明习法律、通达历史、周知民间利病的人士制定。他特别提出制定良法美俗的八条建议：一是婚姻制度宜照旧，废除早婚和纳妾；二是家庭制度宜仍旧，禁止死后继嗣，生前养子可继嗣；三是不定国教，信教自由，实行政教分离，僧侣和传教士不准做官从政，没有选举权和被选举权；四是禁止中国人在国境内加入外国籍，华侨入外籍，须经政府批准；五是选举权不按财产和纳税数额而定，以识字为标准；六是统一语言，不准用拼音；七是禁止赌博、赛马、斗牛等活动；八是禁止男女在公众场合接吻、跳舞，维持社会风纪。以现在理念来衡量，这八条建议中的许多内容值得借鉴，如信教自由，政教分离，不准僧侣和传教士从政，禁止中国人在境内加入外国籍，禁止赌博等等，当然其中不少内容过

---

[1] 李贵连、李启成：《中国法律思想史》，北京大学出版社2010年版，第255页。

时，不符合现代理念，我们不能苛求古人。章太炎坚持立法从国情出发，尊重风俗民情的理念是先进的，直到现在，我们立法仍然要从实际出发，实事求是，吸收优秀传统文化，借鉴发达国家的先进理念和制度，不照搬照抄西方的法律制度，才能制定科学合理的法律。

章太炎还是国学大师，具有深厚的传统文化功底，长期研究训诂学、考据学，著有《文始》《新方言》《国故论衡》《齐物论释》等，其中《国故论衡》为近代学术史上的巨著，开辟了我国汉语言文字学、经学、文学现代化研究的先河。

久久地伫立在大师石像前，脑海里回荡着大师跌宕起伏的人生，思索着大师的思想见解。短短的四十多年革命活动中，七次被追捕，三次入狱，从事丰富多彩的革命活动之余，撰写了四百多万字的著述，发表大量高质量的见解，这点与梁启超相似。章大师对工作富有激情，精力充沛，而且许多著作都是在狱中写就的，从不浪费时间，不荒废人生，实在是令人叹服。

大师还是教育家，教书育人，培育众多学生，著名的有鲁迅、许寿棠、钱玄同、周作人、黄侃等。梁启超称他为清学正统派的殿军。胡适评价他为"章炳麟的古文学是五十年来第一作家，这是无可疑的"。鲁迅临终时评价老师为"先哲的精神、后生的楷模"。"并世无第二人"。评价不可谓不高。

高山仰止，吾辈只有好好学习的份了。

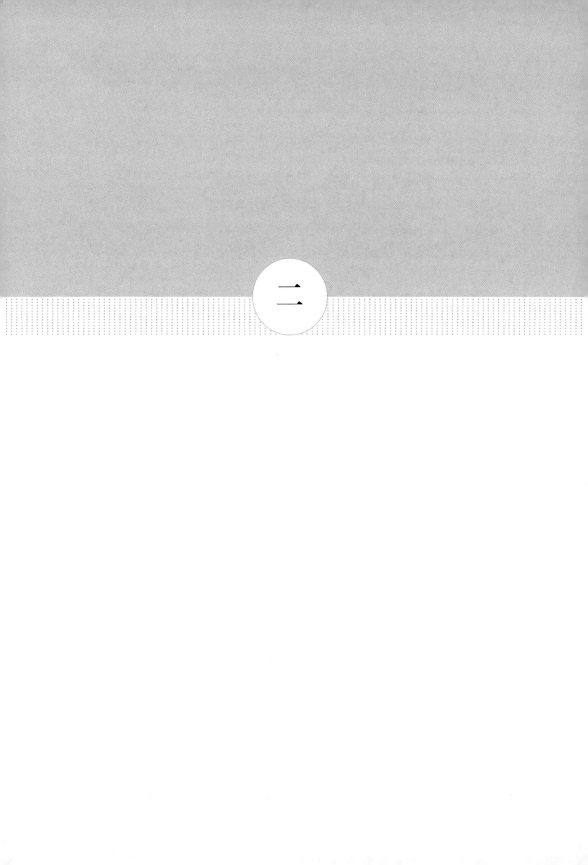

二
二

李悝与《法经》

　　盛夏时节，冒着酷暑和几位朋友一起来到河东大地，探寻禹王城遗址。遗址地处青龙河平川和鸣条岗丘陵地带，因传说夏禹曾在此居住，故称禹王城。遗址共有大城、中城、小城和禹王台四部分组成，大城形状如梯形，小城在大城的中央，禹王台在小城的东南角，中城在大城的西南部。遗址上散落着锛、锄、镢、斧等器具的陶范及陶罐、陶盆、铁锛等。这里曾经是战国时期魏国的国都安邑，也是秦汉及西晋时的河东郡治所，对后世文化发展产生了深远影响，构成华夏寻根溯源文化的重要组成部分。在两千四百年前，就是在我脚下的土地——安邑，李悝在魏文侯的支持下变法图强，制定《法经》，使魏国走上了精兵强国之路，成为战国初期最强大国家之一。不夸张地说，李悝是魏国精兵强国之路上一个标志性人物。

　　李悝（公元前455年—前395年）是魏国人（今山西省夏县），精通刑名之学，深悉治国安邦之术，受到魏文侯赏识，既尊为师，又拜为相，委以重任主持变法。在经济上，推行尽心力、善平籴的政策，规定农夫杂种多种粮食作物，以防天灾；力耕数耘，抓紧秋收，房屋周围种桑，田园种菜，充分利用土地。为防谷贱伤农和谷贵伤民，制定平籴法，以政府力量平衡调剂粮价，稳定经济。在政治上，主张抑制贵族，扶植新兴地主的势力，强化国君权力。尤其在法治上，总结春秋以来各国立法经验，于公元前406年编纂了中华历史上第一部比较系统完整的成文法典——《法经》。

　　这部法典共分盗、贼、囚、捕、杂、具法六篇。盗法是涉及公私财产受到侵犯的法律，贼法是有关危及政权稳定和人身安全的法律。李悝认为"王者之政莫急于盗贼"，因此把盗法、贼法放在《法经》的前面，清楚地表明在物质财富不丰富的情况下，首先要保护财产和人身安全不受侵犯，保护变法取得的胜利果实。囚法是有关审判、断狱的法律。捕法是有关追捕罪犯的法律。杂法是有关处罚轻狡、越城、博戏、借假、不廉、淫侈、逾制等违法行为的法律。轻狡是指对轻狂狡诈行为的处罚。越城是指不从城门进入而翻越城墙的行为。博戏是指聚众赌博。借假是男子寄宿于女子家，或者妻有外夫。不廉指贪财受贿。淫侈指荒淫奢侈的行为。逾制指器用超过规定的等级制度。上述规定是为了维护统治秩序而设立的。具法是有关定罪量刑的通例与原则的法律，"以其律具为加减"，根据犯罪情节和年龄情况，对判罪定刑加重或减轻的规定，相当于现代刑法典的总则部分。其他五篇则为罪名之制，相当于刑法典的分则部分。

《法经》是在总结各国经验的基础上产生的，在立法精神、法典体例、立法技术等方面开创中华法系之先河，可谓成就斐然。但由于法典的制定还处于启蒙时期，具有简朴性、野蛮性、局限性等特征。体例上处于诸法合体、民刑不分、实体法程序法不分。如"窥宫者膑，拾遗者刖"，以刑罚手段调整民事法律关系。囚法、捕法是关于诉讼程序的法律。它是一部民、刑、刑诉诸法合体，以刑为主的法典。《法经》充分体现了法家重刑主义的思想，继承了《周礼》及《尚书·吕刑》中的各种肉刑，如笞、诛、膑、刖、宫刑等，规定了大量的连坐刑，如夷族、夷乡。还实行"重刑而轻罪"，如规定"盗符者诛，籍其家。盗玺者诛。议国法令者诛，籍其家，及其妻氏"。这些规定无疑使其抹上了浓厚的暴力杀戮的色彩，散发出原始氏族征战与统治的血腥气息。它还体现了"刑不上大夫"的特权等级观念，如规定"丞相受金，左右伏诛"。"太子博戏则笞，不止则特笞，不止则更立。""犀首（将军）以下受金则诛"等。

作为我国历史上第一部比较系统完整的成文法典，《法经》在中华法系史上占有重要的历史地位。它是战国时期政治变革的重要成果，是同时期立法的典型代表和全面总结。从严格意义上来讲，《法经》并不是第一部成文法典，春秋晚期的郑子产铸刑书、邓析造竹刑，到晋国铸刑鼎，法家先驱们所作的努力为李悝所传承。它在前人基础上更加系统化，成为第一部比较系统完整的成文法典。李悝改"刑"为"法"，以罪定刑，把犯罪与刑罚有机统一起来，强化了法的规范性和稳定性，这是立法技术的重大突破，使《法经》成为名副其实的刑法典。《法经》同时也掺杂诉讼审判方面的内容，包含有行政规范与民事规范，从而形成规范混同、以刑为主的法典编纂体例，奠定了传统中国法典编纂的原型。从体例上看，《法经》的六篇直接为秦汉继承，成为秦律、汉律的主要篇目，魏晋以后进一步发展，最终形成以名例为统率，以各篇为分则的法典体例。在内容上，《法经》中盗、贼、囚、捕、杂、具各篇的主要内容大都为后世法典所继承和发展。商鞅后来把《法经》带到秦国，改"法"为"律"，厉行法治，全面变革，取得明显成效，为统一六国奠定了坚实的基础，成为秦帝国实施的正式法典。汉代的《九章律》，其内容除因袭《法经》的六篇外，增加"户、兴、厩"三篇，合为九章。三国时期的《魏律》、西晋时期的《晋律》也都是在《法经》基础上衍化而成的。可以说，《法经》是中华帝国时期法典的滥觞，李悝因此被誉为"古代中华法典的奠基人"。

在历史的长河中，中华法系逐渐发展成为与大陆法系、英美法系、伊斯兰法系、印度法系并列的世界五大法系之一，在中华帝国两千多年的有效统治中发挥着重要作用，同时积淀下丰富的立法技术和治国理政经验，成为优秀传统法律文化的重要内容。

今天，我们在享受现代法治文明成果的同时，更加怀念先贤们所作出的艰辛探索，更加感恩蕴育出无数精英的三晋这方水土。只有更好地弘扬优秀法律文化，为中华文明复兴做出自己的贡献，才可告慰三晋大地上的先贤们！

萧何与《九章律》

　　《史记·高祖本纪》记载，汉高祖刘邦在总结建国经验时曾说："夫运筹帷帐之中，决胜千里之外，吾不如子房。镇国家，抚百姓，给馈饷，不绝粮道，吾不如萧何；连百万之军，战必胜，攻必取，吾不如韩信。此三者，皆人杰也，吾能用之，此吾所以取天下者也。"这段论述本意是刘邦表扬自己胸怀博大，慧眼识真珠，善于识人用人，另一方面称赞了张良、萧何、韩信三位人杰的巨大功劳，张良、韩信表现在军事上，而萧何则体现在治国理政方面。

　　萧何不仅是杰出的政治家，同时还是一位出色的法律家。随沛公攻入咸阳后，提出废除秦朝的严刑峻法，《约法三章》中："杀人者死，伤人及盗抵罪。"简明扼要，通俗易懂，便于遵守。《约法三章》在秦末战乱年代对稳定人心、维护社会治安发挥了重要作用。制定《约法三章》时，主要用意在于笼络人心，为一时权宜之计，不是系统地立法，也不是法典，施行地域仅限于关中地区。等打败项羽建立汉朝后，需要巩固政权，亟需制定法律。萧公作为丞相，组织人员立法。依照秦律，适应新形势，制定盗、贼、囚、捕、杂、具、户、兴、厩九篇，成为《九章律》。史学界对此有不同意见，一些学者否定"萧何作律九章"，认为《九章律》成于汉武帝时期，这里暂不讨论。《九章律》前六篇体例同于秦律，源于李悝的《法经》，后三篇为事律，主要涉及民事、财税、行政、军事管理等内容。具体而言，《户律》调整算赋、减算、勿算、口赋、更赋、户赋、军赋、户籍、灾害以及官俸等内容，相当于现在的财税、户口、民政方面的法律。《兴律》调整土木营造、征发徭役、边防守备等，相当于现在的建筑法、兵役法。《厩律》规范骑乘、舆马、厩牧、驿传等，相当于现在的交通法。

　　《九章律》是汉朝的基本法律，还有其他法律，如叔孙通起草制定的《傍章》18篇、张汤的《越宫律》27篇、赵禹的《朝律》6篇，共计60篇，还有杂律，如《尉律》《田租税律》《田律》《钱律》等，共同组成汉王朝的法律体系。由于汉律散佚，看不到原件，对汉律的认识主要来源于《汉书》和《晋书》。沈家本先生的《汉律摭遗》等研究成果成为重要参考资料。

　　律属于国家的基本法典，一般由大臣草拟议奏，皇帝批准颁布，篇章结构整齐，比较稳定。一经颁布，具有长久效力。《九章律》被誉为"律令之宗"，两汉四百多年间一直有效，对后世立法影响颇大。曹魏时，陈群、刘邵等人奉命"删约旧科，傍采汉律"，制定《新律》18篇。西晋时，在《九章律》的基础上，增加11篇，"仍其族类，正其体号"，制定《泰始律》。

　　萧公生于公元前257年，终于公元前193年，享年64岁。他勤奋好学，思维敏捷，性格随和，善于识人，对历代律令颇有研究。早年曾任沛县狱吏，秦末辅佐刘邦起义，攻克咸阳后，不贪恋金银财物、不迷恋美女，赶往秦丞相、御史府，接收大量律令、档案和图书，分门别类，登记造册，了解掌握各地山川险要、郡县户口等情况，为以后制定正确的方针政策和律令奠定扎实基础。楚汉战争中，又留守关中，征兵训练，筹集粮草，为前方提供源源不断的部队和粮草。建立政权后，又协助刘邦、吕后剪灭韩信、英布等异姓侯，倾尽最后心血，谥号文终侯。萧何月下追韩信、成也萧何败也萧何、萧规曹随等典故，也说明萧何对汉王朝的贡献。

　　萧何逝世后，被葬在陕西咸阳。《集解东观汉记》云："萧何墓在长陵东司马道北百步。"《括地志》记载："萧何墓在雍州咸阳县东北三十七里。"两处记载，都说明萧何墓在咸阳北汉高祖长陵墓区内。遗憾的是现在只剩下一个土冢了，旁边立有一块区级文物保护牌子。河北衡水也建有一个萧何文化广场，为人们提供纪念萧何、了解汉历史文化的好去处。

贾充与《晋律》

对贾充的知悉还是通过阅读《三国演义》。他率领群臣恭请司马炎受禅称帝，为建立西晋王朝立下汗马功劳。《晋书》对贾充亦有列传，记载其生平和主要事迹。他有个非常有名的女儿——贾南风，嫁给痴呆皇帝司马衷，成为皇后后擅弄权术，导致八王之乱，甚至五胡乱华皆由此始。

贾充（217 年—282 年），字公闾，平阳郡襄陵县人（今山西省襄汾县），三国曹魏末期重臣，西晋王朝的开国元勋。贾充先后辅佐司马昭、司马炎父子，参与镇压淮南二叛和弑杀魏帝曹髦，深得信任，又与司马氏结为姻亲，地位显赫。晋朝建立后，转任车骑将军、散骑常侍、尚书仆射，后升任司空、太尉等职，封鲁郡公。咸宁年末，以大都督职征讨吴国，平定后，增邑八千户。太康三年，去世，朝廷追赠为太宰，礼仪官议谥曰荒，晋武帝不采纳，改谥为武。有文集五卷。

作为西晋王朝的开国元勋，在政治和军事方面，贾充居功至伟。同时，他擅长律令，受命主持制定《泰始律》，即《晋律》，历时六载方才完成。法律颁布后，百姓赞扬新法便利，晋武帝下诏赞赏，赐贾充子弟中一人为关内侯。

晋律共分二十卷六百二十多条，凡刑名、法例、盗律、贼律、诈伪、请求、告劾、捕律、系迅、断狱、杂律、户律、擅兴、毁亡、卫宫、水火、厩律、关市、违制、诸侯。同时，杜预、张斐等人总结古代律学，对晋律立法理念、律文适用、疑义剖析以及量刑原则等作出详细的注解。这些注解与晋律条文具有同等的法律效力，成为《唐律疏议》的先声。可以说，《晋律》总结以往法典，撷长去短，前承汉律，后启唐律，影响颇大，在中国法制史上占有重要地位。

《晋律》主要有以下几个特点：

一、区分律、令的性质。我国古代法律中，刑、法、律同义，商鞅改法为律，历代统治者定罪科刑均称为律，或者称典、令。一般而言，令与律相辅而行，秦汉时律令连用，如《金布律》《传食律》等。汉代的单行律，如《越宫律》《朝律》《田律》等也具有令的性质和内容。总体上看，律重在惩罚，令则重于教诫。《盐铁论》云："令者教也，法者刑罚也。"在长期的朝政中，皇帝的诏令也具有刑罚性质。到了西晋，大臣杜预对律令加以区别，"律以正罪名，令以存事制"。明确典章制度用令，违反令以刑治罪用律。西晋法律明确以律正罪名，以令存事制的标准，将具有稳定性的条文作为律，共二十篇；将临时性的条例入于令，为《晋令》四十卷。在律令以外，还有故事，即成规，从汉朝的故事发展而来。西晋以各级官府的品式章程为故事，与唐朝的格和式相似。唐朝法律以"律令格式，天下通规"，在西晋已经萌生了。

二、礼、律并重。自汉武帝罢黜百家、独尊儒术以来，统治者把儒家许多学说法典化了，引礼入法。司马氏本为儒学大族，自不待言，贾充也是"集诸儒学，删定名例，为二十卷"。其他制律大臣，如郑冲、荀凯、羊祜、杜预等多为儒学之士。因此，晋律带有明显的礼法并重色彩，充分运用德防于前、刑防于后的方法，如重于孝之诛、诈取父母卒弃市、禁以妾为妻、惩治居丧婚嫁请客等行为，弘风阐化，维护统治秩序。

三、首创以服制定罪。古代在丧服制度中，按照与死者的亲疏关系分为五等：斩衰（三年）、齐衰（一年）、大功（九月）、小功（五月）、缌麻（三月）。对亲属之间的相互侵犯，根据血缘关系上的尊卑亲疏的丧服制度，作为定罪量刑的标准。晋律首创这种以服制定罪、加重或减轻刑罚的制度，"竣礼教之防，准五服以治罪"。如犯父母名讳、居父母丧生子、冒哀求仕等违反礼教行为，被规定成犯罪。以服制定罪，实际上是对礼教的无限扩展，以后历代刑法典沿袭之。唐朝以后的刑律卷首均规定丧服制度与五服图，以国家法律确认并推行礼教规范。应该说，晋律以亲疏尊卑关系定罪量刑，不符合法律面前人人平等的法治精神。

四、宽简法典体例。纵观古代法典体例的发展路径大都呈S形，从简约到繁冗，又从繁冗回归简约，再从简约发展至繁冗，如此而已。从《法经》至《秦律》，篇章由简趋繁，至汉律极为繁冗苛杂，三国时魏明帝"删约旧科，傍采汉律"，到唐律，又增繁加冗，循环往复。宽简法典体例中的"宽"指刑罚有所减轻，"简"指法律条文节省并削减。汉魏两代，法网严密，程序繁琐，不利操作，弊病很多。西晋刚建，需要缓和矛盾，凝聚人心，形势造就。《晋书·贾充传》："诏曰：汉室以来，法令严峻，先帝（司马昭）愍元元之命陷于密网，亲发德音，厘正名实。今法律既成，刑宽禁简，足以克当先旨。"〔1〕宽简表现在条文和内容上大量省减，《晋律》条文620条，加上令，共2926条，比汉律令减少2000多条。减少斩族、从坐等重罚，对妇女宽大，减少禁锢相告，以及为官奴婢等。晋律注意区分故意、过失，规定加减例、累犯加重、数罪并罚等内容。

五、发展刑法学理论。晋武帝颇重视制法。建国初期，命贾充、郑冲、杜预、张斐、刘颂等十四人制定晋律，历经六载完成，培养了许多法学家。《晋律考中》考出律学家自贾充至徐翕凡二十五家。张斐总结古代法理学，杜预网罗法意，注解《晋律》，上承《秦律》的法律答问，下启《唐律疏议》。公元3世纪中后期，我国出现了相当繁荣的刑法理论。负责司法的刘颂提出："律法断罪，皆当以法律令正文。若无正文，依附名例断之，其正文名例所不及，皆勿论。"已具有罪刑法定主义的雏形。张斐在注《晋律》后上《表》，对晋律的立法原理、法律概念、律文适用等方面提出自己见解。《魏律》将《具律》改为《刑名》，置于卷首，已是一大进步。《晋律》进一步把《刑名》分为刑名和法例两篇。张斐对犯罪、量刑等法例作出精确解释，以明确各篇条文。他还阐明罪与刑的概念，区分犯罪行为与刑罚适用关系。犯罪概念不明确，就会导致量刑的畸轻畸重。在犯罪手段上注意区别暴力与非暴力界限，还注意区别犯罪责任能力，区别教唆犯（教令）与实行犯，区分行政犯（公罪）与刑事犯（私罪）等。这些刑法学理论，与同时代的罗马法学相比，也毫不逊色。

---

〔1〕《法治文化在山西｜贾充〈晋律〉》，载搜狐网，https://history.sohu.com/a/595005445_319728，最后访问日期：2023年9月18日。

高颎与《开皇律》

《隋书·卷四十一》记载："颎有文武大略，明达世务。及蒙任寄之后，竭诚尽节，进引贞良，以天下为己任。苏威、杨素、贺若弼、韩擒等，皆颎所推荐，各尽其用，为一代名臣。"[1]高颎是隋朝的政治家、军事家，文韬武略，帮助隋文帝杨坚夺取皇位，讨伐陈国，治国理政，推优荐才，多有功劳。史书对他评价颇高。

高颎（541年—607年），字昭玄，鲜卑名独孤颎，渤海蓚（今河北景县东）人，隋朝著名宰相、军事谋臣。开皇元年（581年），隋文帝命他和郑译、杨素、裴政等大臣组成起草班子，共同制定法律。针对北周刑法繁杂苛酷的情况，以《北齐律》为蓝本，权衡轻重，务求平允，废除酷刑，疏而不失，历时一年多，完成了《开皇律》。开皇三年，文帝又命苏威、牛弘等人修改，删繁就简，加以修改，共12篇500条。

《开皇律》是隋朝第一部成文法典，在指导思想、体例结构、内容等方面总结发展以往历代立法经验，确立了五刑、十恶刑罚，完善了八议、官当等制度，还废除了鞭刑、枭首、辕裂等肉刑，虽后世仍有反复，但终不为正刑所取。《开皇律》代表了隋朝立法的最高成就，在我国古代法制史上具有里程碑意义。立法成就主要有以下几个方面。

一、确立简明宽平的立法指导思想。与王莽的《新律》相比，删去死罪81条，流罪154条，徒、杖罪1000多条。与《北齐律》相比，条文减少近一半。死刑种类废除了枭首、车裂等肉刑，保留斩、绞，执行死刑的方法文

---

〔1〕《第三章　高颎 宇文恺》，载道客巴巴网，http://www.doe88.com/p_499549820135.html，最后访问日期：2023年9月18日。

明多了。对其他刑种废除了宫刑、鞭刑等酷刑，改为笞、杖、徒、流、死五种刑罚。对流刑的距离、徒刑的年限、附加刑的数额等均作了减轻规定。流刑分三等，从一千里到二千里，每等以五百里为差。徒刑从一年到三年分为五等，每等以半年为差。杖刑自六至一百分为五等，笞刑自十至五十分为五等，每等均以十为差。这种"五刑"制度比较成熟，为后世沿用一千三百多年，直至清朝灭亡。

二、体例结构逐渐完善。将"禁卫律"改为"卫禁律"，"婚户律"改为"户婚律"，"违制律"改为"职制律"，"厩牧律"改为"厩库律"，不仅法律用语更准确，更主要的是法律规范对象更精准。同时，删除毁损律，把"捕断律"分为"捕亡"和"断狱"两篇，置于律典的最后部分，使程序法和实体法区别开来，逻辑更加清晰。

三、创设"十恶"制度。《开皇律》改《北齐律》的"重罪十条"为"十恶之条"，规定谋反、谋大逆、谋叛、恶逆、不道、大不敬、不孝、不睦、不义、内乱为最严重犯罪行为，从重从严惩处，不准赦免。十恶中的谋反、大逆、不道、不敬等罪名在秦、汉律中已有，但构成要件、量刑标准不统一，南北朝时，逐渐明确构成要件，规定为最严厉处罚，北齐律首次概括为"重罪十条"。隋朝将"反逆、大逆、叛、降"变为"谋反、谋大逆、谋叛"，并增加"不睦"，使十种罪名定型化，正式以"十恶"称之。十恶制度遂为历代统治者沿用。

四、确立贵族官僚的法律特权。《开皇律》设置"议、减、赎、当"制度，议就是"八议"：对亲、故、贤、能、功、贵、勤、宾八种人犯罪，按特别程序认定，依法减免处罚。减是对"八议"人员和七品以上官员犯罪，比照常人减一等处罚；赎指九品以上官员犯罪，允许以铜赎罪，每等刑罚有固定的赎铜数额；当是指官当，官员犯罪处徒刑、流刑者，可"以官当徒"或"以官当流"。隋朝将魏晋的八议和南北朝的官当、听赎制度整合到一起，再加上例减制度，最终形成比较成熟的"议、减、赎、当"特权制度，使之固定化、法律化，为后世沿袭。

《开皇律》上承汉律源流，下开唐律先河，对宋明清律也有重要影响。因此，它在我国法制史上具有承前启后的作用。

作为一个能力出众的宰相，尤其是立法的牵头人，高颎在制定《开皇律》中无疑起到了非常重要作用。虽然史书没有具体记载，但可以想象他在组织人员、查考资料、确立指导思想、删繁就简、讨论修改时发挥的重要作用，为后世留下一部价值很高的法律。

高颎出身渤海高氏，其父高宾是上柱国独孤信的僚佐，官至刺史。杨坚为北周大丞相时，知道高颎精明强干，知兵事，多计谋，拜为相府司录。从此，高颎跟随杨坚讨尉迟迥、灭陈国、荐贤才，为相执政近二十年，竭诚尽职，功绩卓著。后卷入太子之争，终为隋炀帝所杀。

唐太宗评价云："高颎为隋相，公平识治体，隋之兴亡，系颎之存没也。"从此，再没有一个宰相像高颎那样忠于隋王朝。过不了多久，一个生机勃勃的王朝就被隋炀帝折腾而亡了。

长孙无忌与《唐律疏议》

在陕西省永寿县永寿村北侧田野里，有一座规模不算太大的墓园。走进园内，映入眼帘的是一个六角亭子，里面矗立着石碑，刻着《大唐故长孙无忌墓志》。亭子后面有长孙塑像，双手放于腹部，面容显得温文尔雅，一副文臣风度。再往后便是墓冢了，外观为圆锥形，高约 3.5 米，底径约 11 米，占地 1800 多平方米，翠柏森森，显得庄重肃穆。墓冢旁分别立着省、县文物保护碑。

据《永寿县志》记载："昭陵陪葬宰相一十三，长孙无忌与焉……"长孙无忌陪葬于昭陵，在天堂陪伴唐太宗，继续君臣之谊。

长孙无忌（594 年—659 年），字辅机，河南洛阳人，唐朝宰相，凌烟阁二十四功臣之首。他不仅是一位杰出的政治家，而且还是一位出色的法律家。历经高祖、太宗、高宗三朝，任宰相 30 多年，亲历了贞观之治、永徽之治，直接参与了盛世的治理。长孙参与最多的政治活动是编纂唐朝法律，先后参与《贞观律》《永徽律》《唐律疏议》的编纂，达 14 年之久，占到 30 多年政治活动的近一半时间。《唐律疏议》是长孙无忌、房玄龄等 19 名臣僚和律学专家集体智慧的结晶，标志着我国古代立法技术达到很高水准。

唐永徽年间，针对当时中央及地方在判案中对法律条文理解不一，科举考试中明法科无统一标准的问题，唐高宗下令由长孙无忌召集臣僚和律学通才，按照"爰造律疏、大明典式"的要求，对《永徽律》进行立法解释，历时一年多，撰写 30 卷，与《永徽律》合编在一起，共计 12 篇 30 卷 502 条，称之为《永徽律疏》，后世称为《唐律疏议》。《唐律疏议》依照《永徽律》12 篇的顺序，逐条逐句解释，诠词释字，疏通章句；条分缕析，推原法意；设置问答，辨异质疑。疏议与条文的精神完全一致，根据实践的需要对条文作出补充、变通，甚至修正，使条文的内容更加全面准确，也更富于弹性。同时，还征引令、格、式等相关法典的规定，对于常见的法律疑问，用问答的形式分析，对条文列举出处，论证精密，首尾一致，内容准确。《唐律疏议》是官方注释本，具有与《永徽律》一样的法典性质，从而成为司法审判的法律依据。

《唐律疏议》首篇《名例》相当于现代的刑法总则，规定全律通用的刑名和法例，如五刑等级、十恶、议、请、减、赎、官当、法条适用和解释等。"卫禁、职制、户婚、厩库、擅兴、贼盗、斗讼、诈伪、杂律"9篇相当于刑法分则，规定具体犯罪及处罚，最后两篇为"捕亡、断狱"，相当于刑事诉讼法，规定追捕犯罪嫌疑人的程序、司法审判的程序及罚则。

在我国法制史上，《唐律疏议》居于承前启后的地位，无论从立法思想、原则、篇章体例，还是法律内容，都承袭了以往各代立法成果，是前朝立法集大成者，同时又有所发展和创新，把儒家思想融会进法律条文中，做到礼法合一，并把法律条文与解释融合在一起，便于判案，促进司法标准的统一。《唐律疏议》成为宋明清历代立法的典范，甚至被日本、朝鲜、越南等国家所仿效。

长孙无忌作为领衔编纂的大臣，无疑起到了至关重要的作用。他撰写的《律疏议序》集中体现其法律思想。《律疏议序》曰："今之典宪，前圣规模，章程靡失，鸿纤备举，而刑宪之司执行殊异，大理当其死坐，刑部处以流刑；一州断以徒年，一县将为杖罚。不有解释，触涂睽误。"即本朝法律已有前朝规模，但缺少具体章程，执行起来差异很大，同样的罪，大理院判死刑，刑部处以流刑；有的州处徒刑，有的县处杖刑。同案不同判的问题很严重。如果没有解释，法律就不能得到严格执行。

德礼为本是编纂《唐律疏议》的指导思想。长孙无忌在《律疏议序》指出："德礼为政教之本，刑罚为政教之用，犹昏晓阳秋，相须而成者也。"道德、礼仪乃德政、教化之根本，刑罚乃德政、教化之辅助。就像黄昏与早晨、春天与秋天关系一样，缺一不可，相互配合，构成完整的法律体系。这种德礼为本思想，继承和发展儒家"德主刑辅"的思想。自汉武帝罢黜百家、独尊儒术以后，儒家思想占据统治地位，逐渐把儒家思想及礼义融入法律条文中。西晋《泰始律》第一次实现儒家化法典，《魏律》《北齐律》《隋律》进一步将法律儒家化，到了唐朝更加明显，将法典完全儒家化。最典型的例子就是将"十恶""八议"这些儒家礼义规定进犯罪内容。如《名例》十恶条："一曰谋反、二曰谋大逆、三曰谋叛、四曰恶逆、五曰不道、六曰大不敬、七曰不孝、八曰不睦、九曰不义、十曰内乱。"这十种犯罪违反了君为臣纲、父为子纲、夫为妻纲的三纲礼义，违反了名分之教、人伦之教的宗法伦理观，规定为重大犯罪，均处绞、斩或流等重刑，不得请议、收赎或者减轻。又如《名例》八议条："一曰议亲、二曰议故、三曰议贤、四曰议能、五曰议功、六曰议贵、七曰议勤、八曰议宾。"这八种身份的人犯罪，可以从轻、减轻甚至免除刑罚。《唐律疏议》对"八议"解释为八议源自周礼中的"八辟"，刑不上大夫，论罪科刑随身份而定。"十恶""八议"等制度适应了当时社会发展状况，为人们所接受。但现在看来，与法律面前人人平等原则格格不入。

　　历史学家在总结贞观之治的原因时，常常强调唐太宗的博大胸怀，强调魏徵的敢于直谏，但忽视了长孙无忌等人的贡献。作为唐初杰出的政治家，长孙的贡献更多地体现在政治法律制度方面。从贞观元年，长孙无忌组织人员用11年时间制定《贞观律》，又用3年时间编纂《永徽律》，再用1年时间编纂《唐律疏议》，后来又制定一部《大唐仪礼》。这样大规模、频繁的立法活动，是历史上少有的。因此，长孙的治国理念大多与政治法律制度有关，主张礼不仅是立法的基本原则，而且是定罪量刑的依据，同时，法是维护礼制的利器，礼法合一，共同巩固政权、维护社会稳定。在立法过程中，他把儒家治国精神内核和法律很好地结合起来，通过条文和解释表达出来。如将儒家经典《诗》《书》《礼》《易》《春秋》的金句规定到《唐律疏议》中，如十恶中的"七曰不孝"的疏议："孝子之养亲也，乐其心，不违其志，以其饮食而忠养之。""八曰不睦"的疏议："讲信修睦，民用和睦。"在量刑方面，礼义是确定刑罚的依据。还有许多条文是从礼的规则转变过来，如法律用语"同居相为隐""七出三不去""留养承祀"等，都是《礼》《书》中的内容，变成唐朝法律规范。又如通过严惩"谋反、谋大逆、谋叛"等行为，维护皇权统治。《名例》第6条十恶中"谋反"条目解释说：

案《公羊传》云"君亲无将，将而必诛"，谓将有逆心，而害于君父者，则必诛之。对谋反的将士诛杀，从《公羊传》中寻找依据，可谓用心良苦。

长孙无忌为鲜卑贵族，少年丧父，与母亲、妹妹被兄长赶出家门，由舅舅高士廉抚养长大。他生性聪慧，勤奋好学，博通文史，又颇有计谋。高士廉见李世民才华出众，便将女儿嫁给李世民，长孙与李世民成为郎舅，追随李世民，出生入死，成为左膀右臂，后帮助李世民发动玄武门之变，夺取帝位，居功至伟，被封为赵国公，担任宰相多年。辅佐唐高宗时，他因反对立武则天为后，被许敬宗所诬，流放黔州（今重庆武隆），逼令自缢，后追复官爵，陪葬昭陵。

现在重庆市武隆县江口镇乌江河畔也有一座长孙无忌墓，占地三亩，古朴庄重，亭阁工艺精湛，石碑、石狮、石兔排列有序，栩栩如生，应是长孙无忌的衣冠冢。重庆市政府列为市级文物保护单位，加以保护。

窦仪与《宋刑统》

《宋史·窦仪传》记载："及仪卒，太祖悯然谓左右曰：'天何夺我窦仪之速耶！'盖惜其未大用也。"窦仪是北宋的大臣，当他去世时，宋太祖赵匡胤非常忧愁，对身边大臣说：老天为什么这样快就夺走我的窦仪啊。大概是可惜他尚未受到重用。

窦仪有什么才能，竟能引起太祖如此感喟？窦仪（914年—966年），字可象，蓟州渔阳人（今天津蓟县），生活在五代北宋年间，虽然年寿不长，但纵跨四个朝代。十五岁就能写文章，后晋天福年间中进士，后汉任右补阙、礼部员外郎，后周改任仓部员外郎、授任翰林学士。到了宋建隆元年，升任工部尚书兼任大理寺卿，奉诏立法，组织官员查阅资料、调查研究，删旧增新，历时年余，完成《宋建隆重详定刑统》，史称《宋刑统》，太祖诏令刻板印刷发行全国，从而成为我国历史上第一部刻板印行的法典。同时他还编纂《建隆编敕》30卷。

刑统是刑律统类的简称，"刑名之要，尽统于兹"。刑统的立法模式来自于唐中后朝，唐宣宗大中七年颁布《大中刑律统类》，将《唐律疏议》的条文按性质分为121门，然后将条件相类的令、格、式、敕附于律文后，有利于司法。这种体例改变了秦汉以来的法典编纂传统，开创了新的立法模式，称之为"刑统"，为后世所效法。五代和宋代，以刑统取代律，成为主要法典，如《同光刑律统类》《大周刑统》等。宋朝沿用，颁布《宋刑统》，成为朝廷的主要法典。

《宋刑统》共12篇30卷502条，体例和内容基本沿袭了《唐律疏议》。但毕竟三百多年过去了，时势变迁，还是有不少改变。编纂体例方面，顺应时势发展需要，将律、敕、令、格、式加以系统审编，附于律文后，与律文具有同等的法律效力，使之成为综合性的刑事法典。同时，按律文性质置于各篇内，分门立目，条理清晰，便于检索。条文方面有所调整，名例中新增"一部律内余条准此条"，共有44条；户婚中新增"户绝资产""死商钱物""典卖指当论竞物业""婚田入务"等四门。刑罚方面，继续沿用笞、杖、徒、流、死五级二十等，另创设一种用"决杖"代替笞、杖、徒、流四种刑罚的方法，作为常用刑，史称"折杖法"。

《宋刑统》颁行后，先后修改四次，但变动很少，"终宋之势，用之不改"，使用300多年，也说明这部法典制定成功，很好地满足了维护政权稳定，适应社会生活的需要。

当然，《宋刑统》是国家的基本法典，还有大量的其他法律规范，如诏敕、令、格、式，其中诏敕最有特色。朝廷把皇帝颁布的诏敕，上升为法律条文，作为法典的补充。诏用于重大典礼和国务活动，敕则用于处理日常政务。敕分为发日敕、敕旨、论事敕书、敕牒四种，其中发日敕是皇帝每天发布的敕书，可以用以处流刑以上罪。时间长了，敕遂成为重要的法律规范。《宋史·刑法一》云："宋法制因唐律、令、格、式，而随时损益则有编敕，一司、一路、一州、一县又别有敕。"

作为立法者，窦仪对《宋刑统》的制定颁行无疑起到了关键作用。他学问渊博，通晓典故，对历朝法典尤其是唐朝法律非常精通，因此，宋太祖才命他主持制定法律。由于去世较早，对宋朝立法是个大的损失。

窦仪大半生活在动荡的五代时期。弱冠之年在后晋中进士，长期在节度使景延广帐下任职，后汉时任右补阙、礼部员外郎，后周时改任仓部员外郎、知制诰、翰林学士。多年的文官生涯，博览群书，功底深厚，见识广博，也养成了严谨认真、一丝不苟的作风。宋朝时，当学士王著酒后失职被免，太祖对宰相范质说，宫殿里是森严的地方，应当选一个品行老成、学问弘博的人才好。范质回应道："窦仪为人清介厚重，可当重任。"太祖称赞："的确非那个人不可。"还有一次，窦仪受诏起草诏书，到了宫门口，见太祖身着便服，露额赤脚坐着，不肯进去。等到太祖穿戴整齐后，才进殿里。窦仪说：陛下是开国之君，应当用礼法昭示天下。赵匡胤听后正敛神色，称谢，自此后召见近臣，也不再随意着装。

窦仪不仅学问渊博，治学严谨，而且他的四个弟弟都聪慧勤奋，相继中了进士，一时传为佳话，有诗曰："灵椿一株老，丹桂五枝芳。"《三字经》云："窦燕山，有义方。教五子，名俱扬。"说的就是窦仪五兄弟的事。

何荣祖与元律

在民族歧视盛行的元朝，从汉族的刀笔小吏成长为朝廷大员的，非常少见，而且成为立法者的，更是鲜见。这是谁呢？

这个人就是何荣祖。他在历史上并不有名，但却为元朝的立法、监察和执法做出巨大贡献。

何荣祖（1218年—1297年），字继先，祖籍山西太原，后由于战乱，全家迁至河北永年。历任山东按察使、河南按察使、参知政事、御史中丞、中书右丞等职。元世祖时，奉命编纂法律，他将朝廷公布的公规、选格、治民、理财、赋役、课役、仓库、造作、防盗、察狱等十个方面的法令，辑为一书，由朝廷刻印颁行全国，因是至元年间颁行的，故名《至元新格》，是元朝立国后第一部系统性的法律。由于战乱，不幸散佚，找不到原文。据学者考证，条文被收录到《通制条格》《元典章》中有110多条。从内容上看，以官府行政规章和案例为主，兼有部分罪罚条文。何荣祖一直关注立法，针对元朝没有正式法典的状况，非常着急，向忽必烈建议起草《大德律令》。得到批准后，他组织人员查阅资料，认真讨论，进行论证。到元成宗时，将法律草案上奏朝廷，组织元老大臣讨论，未来得及颁行，他便离世，法律胎死腹中。虽然没有颁布，却为后来的《大元通制》和《元典章》的制定奠定了重要基础，其作用不可磨灭。终元一代，法令粗疏，始终没有制定出蒙、汉、回等各民族通用的完整统一的刑法典。

随着元朝政权的灭亡，其法典也大多散佚，只留下一些残缺内容，为后世研究留下诸多遗憾。

作为少数民族政权，元朝法律与唐宋基本上没有什么承继关系。在法律名称和形式上既不沿袭律、令、格、式，也不使用刑统、敕令，而是使用断例、条格，以政令、文书和司法实践中形成的判决先例为依据，定罪量刑，有点判例法的特质。条文大多数只是解释性的，散漫杂陈，缺乏统括整合性。因此，一些学者认为元朝法律不属于"中华法系"，单成"蒙古法系"一脉。究其原因，蒙古人入主中原前，深受西域文化影响，统治期间对其他民族采取歧视政策，统治时间不到一百年，没有完全融合儒家文化，各方面显得与中华传统文化格格不入。当然，也有学者认为元朝是中华法系的一个支脉，法律形式有诸多不同，但内容上还是有不少继承的，如唐宋律中的五刑、五服、十恶、八议等制度，还有名例、卫禁、职制、盗贼、奸非、杂犯、捕亡等篇目，无不取自唐宋律典。

何荣祖在元朝属于一位法律标志性人物，不仅参与立法，而且建议完善朝廷制度，建立纵向监察体系，还做了大量执法工作，成就不凡。他担任参知政事时，时逢桑哥专权。桑哥设立一个机关，统领朝廷全部财政，从而把政府化为无本敛财的生意，不管行政管理事务。何荣祖深感元朝统治者出于军事征服和军事占领的惯性，经常实施竭泽而渔的政策，影响到政治稳定和老百姓的生活。因此，他多次请求忽必烈裁掉这个机关。一开始元世祖不同意，在晓明利害关系后，才下诏关闭外省机关，还保留大都附近机关。针对朝廷各部门专权，造成政令不统一的危害，建言建立独立的审计机关，对朝廷各部门和地方机关进行审计。他还建议朝廷建立百官规程，加重监察机构的职权，提升监察机构的地位，将监察工作制度化。他的建议都被朝廷采纳，下诏将"提刑按察使"改为"肃政廉访使"，每道设置 8 个官员，两个留在本司机关，其余 6 个分巡各府州县监察，负责民政、财政和官吏奸弊。肃政廉访使与本地机关不发生关系，直接对中央负责。年终由中书省、御史台进行考核。元朝是我国最早设立监察机关的朝代。对此，何荣祖功不可没。

山东一个叫帖木剌思的色目官员，因贪赃枉法被山东佥事李唐弹劾。此时，正好有个告密者举报他人谋反，李唐不想惹事，于是把告密信件烧掉。帖木剌思知道后，向朝廷告发李唐纵容谋反。由此形成一件大案，先后牵连几十个官员，轰动当地官场。忽必烈下诏指令由时任山东按察使的何荣祖牵头，和其他两位官员共同审理。何从告密者身上打开缺口，取得口供，确定属于诬告谋反，按法律规定必须反坐，最终惩罚了诬告者，为李唐洗清了冤屈。还有一个事件，充分展示他的不畏强权、秉公办案的风格。忽必烈派乐实、姚演两人为宣慰使，负责开辟胶州海道，向元大都运输粮食，下令不准任何官员干涉阻挠。从江南到胶东海路，难免遭遇风暴袭击，造成翻船损失。宣慰使不体恤船员，反而责难殴打，逼令船员们赔偿，其他官员敢怒不敢言。何荣祖知悉后，勇于向朝廷反映情况，指出弊端。忽必烈看后，下令免除赔偿，船员们感激不尽。

《元史》记载："荣祖身至大官，而僦第以居，饮器用青瓷杯。中宫闻之，赐以上尊，及金五十两，银五百两、钞二万五千贯，俾置器买宅，以旌其廉。"在盛行奢侈的元朝，甚为难得。元世祖亲自赐以金银财产，奖掖他的清廉行为。

何荣祖还著有《大畜》《学易记》《载道集》《观物外篇》等书籍，留传后世。

三十年才定型的《大明律》

虽说《大明律》从体例和内容上，都承袭唐律宋刑统，没有多少创新，但毕竟几百年过去了，社会现实发生很大变化，明朝统治者总结治国理政的经验教训，还是增添了不少内容，"重其所重，轻其所轻"，更加精致化。从制定施行，到修改完善，用了整整三十年时间。明太祖朱元璋视之为"不可更改"的成法，"令子孙守之，群臣有稍议更改，即坐以变乱祖制之罪"。足见其对《大明律》的得意之形。

还是吴王时，朱元璋平武昌后，即议律令，吴元年（1367年）冬命李善长为总裁官，杨宪、刘基、陶安等20人为议律官，起草制定法律。用了一年时间，制定出草案，"凡为令一百四十五条，律二百八十五条"，这285条即为《大明律》的雏形，主要内容参照唐律增减，没有什么新东西。颁布后，因过于简陋，不足为用。第二年，朱元璋称帝后，即洪武元年八月，又命儒臣四人和刑官讲解唐律，日进二十条，花了一个多月时间，专门学习研讨唐朝法律。洪武六年，"诏刑部尚书刘惟谦详定明律，每奏一篇，命揭两庑，亲加裁酌"。次年颁行天下，篇目一准于唐，共十二篇，采用旧律288条，续律128条，旧令改律36条，因事制律31条，摄《唐律》以补遗123条，合计606条，分为三十卷。这是第一次修订。在《唐律》的基础上增加了不少内容。

洪武九年，明太祖命胡惟庸、汪广洋等大臣修订明律，详议厘正13条。这是第二次修改。

洪武十六年，又命尚书开济制定诈伪律。这是第三次修改。

洪武二十二年，又命翰林院同刑部官员，将历年所增条例，分类附于《大明律》中，在卷首列五刑图、狱具图和丧服图，将名例律置于各篇之首，按六部体制分为六律，共 460 条，改变了隋唐以来律典的体例结构，修改与五伦有关的条文达 70 多条。这是第四次修改，修改幅度很大。

洪武三十年，第五次修改，终于完成《大明律》的定本，"刊布中外，令天下知所遵守。"明太祖终于完成他的心愿，可以瞑目了，次年驾崩，留给后世一部完善成熟的法律。

《大明律》吸收了唐律的基本精神和内容，总结了明初三十年的经验教训，几经修订，创造出新的体例，是一部条文简于唐律，精神严于宋刑统，内容和形式更加精致的法典。具体有以下几个变化。

一、体例更加符合实际。从唐律十二篇变为七篇，第一篇仍为名例，后六篇以吏、户、礼、刑、兵、工六部为纲，分别制定条文，这是法律编纂史上的一大变革，满足了中央专制极权统治的需要。删去唐律 502 条中的 146 条，剩下的 356 条合并为 285 条，新增 175 条，共计 460 条。

二、论罪科刑方面更为趋严。扩大数罪并罚的范围，严格亲属犯罪的议请范围和程序，简化官吏犯罪的辅助处罚手段，对"犯罪得累减"作出新的规定。对共同犯罪、故意过失犯罪以及比附援引等规定更严密。

三、对严重刑事犯罪，体现明太祖的重典治国原则。扩大谋反、大逆、谋叛罪的株连范围，对于恶逆、强盗、造谣、诬告、诈伪制书等方面重罪处刑，对贼盗、人伦犯罪从严惩处。

四、注重赋税差役方面的立法。如规范帑项钱粮秩序，在惩治力度上较重。对钞法、盐法、私茶、匿税等方面规定严格。

五、从严整饬吏治。如设立奸党专条，严禁臣下结党和内外官吏勾结，违者重惩。

在《大明律》之外，还有《问刑条例》作为补充。世事纷繁复杂，《大明律》没有涉及的，往往取自皇帝裁决，经久可行的，编为《问刑条例》，作为司法裁判的依据。初为单行本，后附于律条末，例以辅律。当然，也有学者认为"例以破律"，认为《问刑条例》破坏了《大明律》的统一性，使例得以因缘而生，因例破律，造成立法上的混乱，影响法律的正常实施。

朱元璋作为开国皇帝，不仅打下江山，而且特别注重如何守好江山。他对立法非常重视，对李善长领衔制定的法律并不满意，繁忙政务之余，亲自学习研究唐、宋法律，探讨得失，努力制定一部完善成熟的法律。在制定修改《大明律》的过程中，逐渐形成自己的法律思想，这是他与其他帝王相比的过人之处。他主张法须简明，保持稳定，认为"法贵简当，使人易晓，若条绪繁多，或一事两端，可轻可重，吏得因缘为奸，非法意也"。明太祖还提出重典治国，严法治吏。针对元末纲纪废弛、官吏贪腐的状况，确立了重典治国的方针，晚年对皇太孙曰："吾治乱世，刑不得不重；汝治平世，刑自当轻，所谓刑罚世轻世重也。"根据国情需要，确定不同的治国方针。朱元璋还提出明刑弼教，以礼导民。《大明律》颁行后，摘录他对臣民"法外用刑"的案例，结合案件颁布一些严峻法令，在条目中掺入对官吏有关重典治国的训导，编成《明大诰》4编236条，命令官吏到处宣讲，要求"户户有此一本，臣民熟视为戒"。并颁于学宫，作为国子监学和科举考试的一项内容。但内容毕竟过于严酷，不得人心，他死后不久，就被弃之不用了。

《大明律》作为明王朝的基本法，从洪武三十年修订后，实施240多年，中间未曾有大的修改。万历十三年，合刻颁行时，改动55个字。嘉靖朝后，将《问刑条例》附于大明律后，形成律例合编体制，但460条的律文始终未曾动摇过。《大明律》上承《唐律》，下启《大清律》，在我国法制史上具有承前启后的重要地位，同时对相邻各国影响也很大。此后的大清律基本沿袭大明律的体例和主要内容，变动不大。日本明治维新时代颁布的《新律纲领》大部分内容取材于《大明律》，朝鲜编定的《刑法大全》也参酌《大明律》。

可见，《大明律》实施和影响了五百多年，并对日本、朝鲜等邻国立法产生深远影响，在世界立法史上也是不多见的。

集封建法律之大成者

——《大清律例》

作为我国最后一个封建王朝，清朝统治时间长达 267 年，和明、宋、唐、汉一样，也算是大的王朝。虽说属于少数民族政权，但与元朝相比，统治时间多出 160 多年。究其原因，清王朝不仅在思想上全盘接受儒家文化，而且在政治、经济、法律诸方面吸收继承明王朝的先进经验，当然也存在民族歧视、文化禁锢等问题。总的来说，继承多于改变，政治体制、经济发展模式、教育文化方面均沿袭了明王朝，在法律方面表现得更为明显。

1644 年，刚定都北京，摄政王多尔衮为恢复秩序，巩固政权，便下令"自后问刑，准依明律"。待局面逐渐稳定下来，立法问题提上议事日程。刑科给事中孙襄上疏："当稽往宪，合时宜，斟酌损益……布告中外，俾知画一遵守。"摄政王命："法司官会同廷臣详译明律，参酌时宜，集议允当，以便裁定成书，颁行天下。"从而确立了"详译明律，参以国制，增损裁量"的立法指导思想。

顺治三年，经过集思广益，反复讨论，增损裁量，起草出《大清律集解附例》，颁行全国。这是清政府建立后第一部比较完整的成文法典。无论体例和内容，均沿袭了《大明律例》，共 7 篇 459 条，附例 434 条。首篇为名例篇，属于总则性质，后六篇按六部体制分类，内容根据实际情况有少量增减。

康熙十八年，平定三藩之乱后，重开修律之议。帝谕刑部："近来犯法者多，而奸宄未见少止，人命关系重大，朕心深用恻然。其定律之外，所有条例，如罪不至死而新例议死，或情罪原轻而新例过严者，应存应去，著九卿詹事科道会同详加酌定，确议具奏。"令刑部针对违法犯罪出现的新情况、新问题，修改法律。刑部对现行条例逐条详核，增删条文，缮具成册，进呈御览。康熙帝准议，颁布《刑部现行则例》，共计 264 条，但未将则例附于《大清律》内。

又过了十年，到康熙二十八年，台臣盛符升针对司法实践中暴露出的律例相悖的情形，奏请朝廷重新修订法律。刑部经过认真核议后，认为奏请有理，圣祖准之。于是，将现行则例载入大清律内，并且采用明人王肯堂《律例笺释》和清人沈之奇《大清律辑注》等学者著作解释条文，在每篇正文后加上注释，以疏律意。这样的体例又回归到《唐律疏议》上，对于指导地方官吏断案具有重要意义。然圣祖浏览未发，没有正式颁行。

雍正继位后，命左都御史朱轼、兵部尚书卢询充任总裁官，组织修法，律例馆将新议定的条文陆续讨论，逐条修改，详加论证。雍正三年，修订完成，是为"钦定例"，皇帝亲自作序，命名《大清律集解》，"刊布中外，永为遵守"。

乾隆当政后，命三泰为总裁官，重修大清律，对原有律例逐条考证，重新编辑，详校定例，折衷损益，名曰"条例"。乾隆五年完成，定名为《大清律例》，"刊布中外，永远遵行"。从顺治元年开始修律，到乾隆五年告成，历时近百年，多次修订，终成一部体例严谨、条文简赅、贴近社会实际、具有权威性的法典。虽然此后又十次修改，但只是修改例文，至同治九年，例文增至 1892 条，远远超过正式条义。但正式条文始终没有修改，意在保持法典的连续性和稳定性。

《大清律例》共分 7 篇 30 门 436 条，附例 1892 条，在结构和内容上均沿袭了《大明律例》，同时根据社会实际情况，增添不少内容，从而成为一部相当成熟完整的法典，也是帝国时代最后一部法典。同治年后，随着国运衰微，内外交困，再也没有精力修律了。

律和例是清朝两种基本法规范形式，律为纲，有稳定性；例为目，较为灵活，弥补律的不足，两者相互依存。《大清律例》虽数次修改，但正式条文基本未动，例文从康熙初年的 321 条增至同治九年的 1892 条，可见内容增加之多，倒也符合越修越繁的规律。至于两者关系，形式上律的地位高于例，但司法实践中，存在"以例代律，以例破律"的现象。清朝规定"有例则置其律，例有新者则置其故者"。用现在的法律术语说，就是贯彻从轻从新原则，体现人道主义精神。因为社会生活纷繁复杂，正式条文往往滞后，不能及时解决各种违法犯罪和民间纠纷，只好以例作为断案依据。所以，各级地方官吏常常以例替律进行断案。

值得指出的是，清朝实行满汉异制、民族异法，采取"区满人与汉人而歧视之"的种族主义法律政策。《大清律例》虽适用于所有的满人和汉人，但为优待满人，专列"犯罪免发遣"条款，如旗人除犯死罪外，其他犯罪可以折枷，使旗人可免予离乡发配、免予苦役。旗人初次犯窃罪止笞杖者，免刺字，再犯才依民人，以初犯论。旗人与汉人在司法管辖权上也不一样。

为了维护疆域广大的多民族统治，清政府对境内的少数民族采取"因俗而治""因俗制宜"的方针。风俗习惯是一个民族在长期进化过程形成的共同心理和共同文化的标志，尊重风俗习惯，有利于规范少数民族的经济生活关系，维护当地的社会稳定。清朝先后制定出台《理藩院则例》《回疆则例》《钦定西藏章程》等法律法规，对调整规范少数民族关系起到重要作用。清朝的民族立法也取得了超越前代的成就。

有意思的是，清朝的注释律学取得非凡成就。康熙十年，刑部官员王明德总结多年司法实践中办理的疑难问题和解决方案，汇集成册，出版发行《读律佩觿》。康熙五十四年，浙江名幕沈之奇编纂《大清律辑注》，起到开拓先路之功效。他们出版的书籍带有准官方性质，对于指导地方官吏断案具有重要意义，也体现了古代法学研究的重要成就，为近现代法制史的发展起到先导作用。

侯马盟书

——晋国贵族争斗的历史见证

庚子暮春，大疫之后，并州逐渐恢复往日的繁华，街两边店铺重新开张，人流、车流也多起来了。一个人来到山西博物院，找寻久远的辉煌。二楼偌大的晋国霸业馆里，在一件件精美的青铜器后面，展台上呈现几幅玉片，不大的圭形玉片上用朱笔密密麻麻写着篆形文字。

这便是珍贵而精美的侯马盟书了。

20世纪60年代中期，地处侯马市晋国遗址里，在40多个祭坑内，挖掘出土5000多件玉、石质盟书，绝大多数为圭形，最长32厘米，还有圆形和不规则形状，辞文多以朱笔书写，少数为墨笔书写。文字可辨识者有656件，多则200余字，少则10余字。内容分为宗盟、委质、纳室、诅咒和卜筮五大类。宗盟类，记载与盟人效忠盟主，一致讨伐敌对势力的内容，是主盟人团结宗族内部的盟誓。委质类记载与盟人表示同逃亡的旧主断绝关系，制止其重返晋国。纳室类，要求与盟人表示盟誓后不再扩充奴隶、土地和财产。诅咒类，对某些罪行加以诅咒。卜筮类，为盟誓卜牲时龟卜及筮占文辞的记载，不属于正式盟书。从现有材料看，宗盟类514件、委质类75件、纳室类58件、诅咒类4件、卜筮类3件。

据考证，这些盟书是春秋晚期至战国早期，以赵氏家族为首举行盟誓活动的约信文书，忠实地记录了晋国晚期强族间相互争斗的史实，具有政治档案性质。盟书的发现，对研究古代中国盟誓制度和文字，研究晋国文化历史，具有重要意义。

盟书又称载书。《周礼·秋官·司盟》中有"掌盟载之法"。注"载，盟誓也。盟者书其辞于策，杀牲取血，坎其牲，加书于上而埋之，谓之载书"。在牛、羊、马等动物骨头上书写文字。当时诸侯和卿大夫为了巩固内部团结，打击敌对势力，经常举行盟誓活动。盟书一式两份，一份藏在盟府，另一份埋于地下或沉在河里，以取信于鬼神。

橱柜展台上展示的其中一件精美盟书，主要内容为：本人赵，竭诚披肝沥胆效忠我们的宗主，誓愿无条件践行神圣的盟约，遵从定宫平铸之命的权威。本人及部属如有胆敢违誓改志，背叛二宫盟约者，如有妄图使罪恶的赵尼及其子孙，先克的子孙、先德及其子孙、通成的子孙、史成及其子孙在晋国复兴而密谋私盟者，天地神明共鉴，甘愿诛身灭族，永不翻身。

盟书反映了晋国末期上层政要的争权夺利相互倾轧的激烈性和残酷性，显示恶的作用，反映出当时礼崩乐坏的趋势。晋国赵氏等六卿内争演化为四卿并立，直至三家分晋，在政治斗争领域出现波谲云诡、变诈迭出的惊世场面。赵鞅作为晋国新兴势力的代表人物，是一代枭雄。他为赵氏崛起，扩张宗族势力，可谓费尽心机。为了增强实力，广事结纳，联络本宗，招降纳叛，多次举行盟誓，聚拢人心。参誓者向神明起誓，以身家性命担保，对赵鞅表示效忠。倘有违反盟誓者，就要诛灭全族。

侯马盟书辞文是晋国人用毛笔手书的文字真迹。盟书文字，字形古雅，运笔流畅，字形活泼多变，书体章法自然。由于盟书出自多人手笔，字体风格呈现出或浑厚凝重，或飘逸洒脱，展示出毛笔特有的弹性韵律，行笔轻重有度，潇洒秀劲，变化繁多，有极高艺术价值。侯马盟书是古代先民创造的精美艺术品，是我国古代书法艺术的一朵奇葩。

侯马盟书成为新中国成立以来考古发现十大成果之一，被国务院列为第一批全国重点文物保护单位。

一个春雨绵绵的下午，来到浍河北岸的台地上，早已不见挖掘现场，代之而起的是大片建筑。当年就是在侯马发电厂基建工地上发现的盟书，后来称之为"盟誓遗址"，面积3800多平方米。遗址分甲区和乙区，甲区在西北部，分布的竖坑较小，而且密集，有开挖早、晚打破的现象，盟书就是在这个区域里出土的。在约132平方米范围内，共有39个坑出土盟书，相伴的还有羊、牛、马等。出土盟书的区域称为埋书区。乙区坑位比较分散，面积稍大，重叠情况少，埋葬的牺牲有羊、牛、马等，不见盟书，有卜筮辞文，称为坎牲区。遗址出土文物较为丰富，盟书是主要文物，共有 5000 多件。还有数量众多用于祭祀的玉币，按形状分有壁、环、珑、圭、璋、铲、刀等，玉币还有不规则的形状，大概是加工后残留下的材料。其中制作精美的壁、圭、璋等被切割成薄片，其薄如纸，体现了古人高超的工艺水平。为了保护珍贵文物，政府在市里建起晋国古都博物馆，专题展览、研究盟书。

21 世纪初，在省宣传部门的倡导支持下，当地政府成功举办了五届文化节，还建起新田文化广场、庙寝遗址公园、铸铜遗址公园、晋国鼎宝公园等以晋文化为主题的设施。通过多年努力，以侯马盟书为代表的晋文化具有很高的知名度，全国各地专家学者以及旅游爱好者慕名而来，考察了解我国古代文化的博大精深。

大唐神探狄仁杰

在并州城南，有一个唐槐公园，建筑基调是仿唐风格，无论长廊还是碑亭，以灰暗红色为主，线条简单明快，给人一种庄严稳重的感觉。据考证，此地是唐朝宰相狄仁杰的故里。园内有狄仁杰雕像、狄梁公故里碑、断案传奇壁画以及范仲淹撰文、黄庭坚书写的狄梁公碑，记载着大唐名相的传奇功绩。而那棵狄母手植的古槐，历经1300多年至今仍然新枝婆娑，枝繁叶茂，仿佛在述说着千年沧桑……

狄仁杰（630年—700年），字怀英，并州太原人。出身太原狄氏，早年以明经及第，历任汴州判佐、并州法曹、大理寺丞、侍御史、宁州刺史、豫州刺史等。天授二年（691年）九月，升任宰相，担任地官侍郎、同平章事。四个月后，被酷吏来俊臣诬以谋反，夺职下狱，贬为彭泽县令。营州之乱时，得到起复，再度拜相，担任鸾台侍郎、同平章事，勇于犯颜直谏，力劝武则天复立庐陵土李显为太子，培植举荐忠于唐朝的势力，成为大唐社稷得以延续的栋梁。久视元年（700年），拜内史令，同年九月病逝，追赠文昌右相，谥号文惠。唐中宗复位后，追赠司空、梁国公，累赠太师，配享中宗庙廷。

狄仁杰不仅是一位政治家，为唐朝延续、治国理政做出重要贡献，而且还是一位神探，破获审理了很多大案要案，赢得巨大声誉。据记载，狄仁杰在大理寺寺丞任内，一年多时间审理了大量积压案件，涉及1.7万多人，却无一人冤诉。

据记载，狄仁杰任洛州司马时，一次带着马、乔二人微服私访。途中经过群猴嬉戏的山坡，发现猴子玩耍一枚戒指。出于职业敏感，他留心察看，在不远处的山洞里发现一具男尸，左手四指均被切断，其中一指上留有戴过戒指的痕迹，遂断定猴子玩耍的戒指必定与男尸有关。为查明案情，三人沿山路前行，在洛阳城外看到一家药材店正在加工药材，药工用锋利的刀切药，他想过去试用一下切刀，董掌柜立即说：别动它！不小心就会把手指切断的。直觉告诉他，这刀可能刚刚切过指头，与男尸断指有关。狄公就在药店附近调查，最终案情大白。原来，一位在洛阳卖艺的女艺人，被从长安来的贾公子看上，女艺人要求贾公子断一指，以表真情。此时，董掌柜的公子也看上女艺人，便调戏纠缠。贾公子怒打董公子，两人从此成死对头。几天后，贾公子请董掌柜为他断去一截小指。董公子出于报复，抓起药杵从背后猛击贾头部，致其死亡。父子俩连夜抛尸山洞里，以掩盖罪行。抛尸中，贾公子手上戴的戒指掉到地上，被猴子捡到玩耍。最后，董公子认罪伏法，被斩首示众。这就是有名的"断指案"，[1]表现出狄公机智勇敢，注重逻辑推理，靠证据服人的破案风格。

还有著名的"四漆屏案"。[2]狄公任巡按御史期间到江夏巡察，正好碰到衙门血案交接审理。江夏县令滕侃酒后回房休息时，忽觉头晕目眩，昏倒在地。醒来后发现夫人胸口插着自己的雕花匕首，惨死在床，外间的丫环对此情景全然不知。滕县令见到狄御史后，就请他代自己审理夫人被杀案。狄公接案后觉得案情复杂，决定和县令聊聊夫人情况。在书房内，县令讲述了四扇漆屏的故事。在县令书房内，竖有四扇漆屏，第一扇描写一位书生梦见四位仙女，他想娶其中最美丽的一位为妻；第二扇是书生赴京赶考；第三扇是书生考中进士，衣锦荣归，路过一座阁楼，楼上小姐与他梦中仙女一模一样，后来结成亲；第四扇是洞房花烛夜。这四漆屏是县令的生活写照。后来第四屏被修改了，书生手中的笔换成了一把匕首，直插夫人的前胸。县令解释说，他患有一种癫狂症，第四扇是他病发时亲手修改的，他极害怕这一切成为现实，但最终还是病发出现了衙内血案。听后，狄公发现有很多疑点，仔细展开调查，首先查清县令所说的全是谎言，是在为自己开脱。根据唐朝法律规定，智障患者杀人不偿命。接着顺藤摸瓜查清了真凶孔三猫。凶手见案情即将败露，前来行刺，被擒获在案。大堂上，杀人犯孔三猫招供了作案的经过。原来，孔三猫一天夜里去县衙行窃，先吹迷魂药，迷倒夫人和丫

---

〔1〕［荷兰］高罗佩著，陈来元、胡明、李惠芳译：《大唐狄公案：断指记》，海南出版社 2015 年版，第 149 页~199 页。

〔2〕参见［荷兰］高罗佩著，陈来元、胡明等译：《大唐狄公案：四漆屏》，海南出版社，三环出版社，2006 年版，第 1 页~15 页。2006 年 3 月第一版，第 1 页~152 页。

环，偷窃时见夫人漂亮又想强奸，遭遇反抗，抓起匕首刺死夫人后逃走。此时，县令酒后回房闻到迷魂药晕倒，醒来后见夫人被杀，就误以为是自己所为，编造了四漆屏的故事，以逃避惩罚。

像这样的破案故事很多。狄公在繁忙又丰富的公务活动中创造了许多脍炙人口的典故。如内举不避亲，外举不避仇。武则天曾命宰相举荐一人为尚书郎，狄公便推荐自己的儿子狄光嗣。儿子因此被任命为地官员外郎，非常称职。武则天称赞道：你可以和内举不避亲的祁奚相比了。狄公早年被贬时，路过汴州时患病，想留住半天，结果遭到开封县令霍献可勒令其当日离境。狄公被贬为彭泽县令时，霍献可已为御史，极力请求诛杀狄公。后来，狄公回朝复相，却举荐他为御史中丞。又比如沧海遗珠，狄公早年曾被小吏诬告，阎立本时任河南道黜陟史，审问时发现狄仁杰是一个德才兼备的人才，谓之"河曲之明珠，东南之遗宝，"推荐其做并州都督府法曹。

荷兰外交官、汉学家高罗佩痴心追慕中华古典文化及生活方式，把整个身心都投入到中国文化中，结下了不解之缘。他在重庆任外交官时读到一本清初公案小说《武则天四大奇案》，被狄仁杰屡破奇案折服。高罗佩凭借非凡的语言天赋和惊人的毅力将狄仁杰介绍给世界。20世纪40年代，他将《武则天四大奇案》翻译成英文，又以狄仁杰为主角用英语创作了《铜钟案》，出版后大获成功。经出版商再三催促，高罗佩一鼓作气在五十年代、六十年代创作了《大唐狄公案》，包括15个中长篇和8个短篇，共130多万字。这些故事个个精彩绝伦，引人入胜，让读者跟随狄仁杰了解隐藏在重重迷雾之下的案情真相，捉住残忍狡猾的凶手，体验神秘莫测的探案世界。这部小说一经面世，便在欧美引起轰动，畅销不衰，成为众多欧美人士了解中国文化的形象教科书。根据高罗佩小说改编的电视剧《狄仁杰断案传奇》播放后，在国内引起广泛反响，使狄神探的形象深入人心，广为人知。现在狄仁杰已经被制成卡通片、电子游戏，畅销于成年人和少年儿童间，成为东方的"福尔摩斯"。

这是中国古代人物故事走出去后又畅销国内的又一例证。这些成绩应当归功于醉心中华古典文化的汉学家高罗佩先生，归功于传播中华文化的人们。同时，再次证明，优秀经典文化是相通的，滋养着全人类！

宋慈

——我国法医学的鼻祖

宋慈任南剑州通判时，正值旱灾，当朝宰相李宗勉的小舅子杜贯成乘机囤积粮食，修建粮仓。工程修好后，唯恐走漏风声，竟残忍地将工匠全部杀死，然后放一把火，伪造成被烧死的假象。案发后，宋慈赶到现场，经过仔细勘验，发现破绽，遂将杜贯成逮捕归案。审问时，杜贯成一口咬定工匠死于火灾，宋慈说：活人见火必然往门外冲，烟熏倒地，口鼻内有烟灰，头也朝门外。现场则是死者头朝屋内，口鼻内没有烟灰，证明是死后焚尸。在事实面前，罪犯不得不低下头，承认所犯罪行。李宗勉获悉真情后，奏明皇帝，嘉奖表扬，并给宋慈官升一级。

这是发生在南宋嘉熙元年（1237年）的一个真实案件，宋慈依靠丰富的法医经验侦破了许多大案要案，成为远近闻名的破案高手。不信再看几个案例。

一个年轻女子突然在家中离奇死亡，仵作验尸时没有找到任何伤痕，也没有中毒痕迹，只能断定为暴病而亡，入棺埋了。宋慈百思不得其解，认为一定有问题，怀疑是他杀。于是当着官员和仵作的面，重新开棺检验，尸体已轻度腐烂，宋慈没有任何避讳，将尸体清洗干净，用尽所有方法勘验，仍没能发现伤痕和血迹，就在大家失望时，突然发现尸体头发有细小点蠕动，竟是一条蛆虫，经检验是女子被人用烧红的铁钉钉入头而死，铁钉烧红后可导致血液瞬间凝固，不会有血流出，因而看不出伤口。

还有一次，宋慈检验一具被害于路旁的尸体，发现身上所带钱财并没有丢失，由此断定不属于谋财害命。遂询问死者妻子，其夫是否有仇人，妻子答道：其夫一向安分守己，没有仇人，前几天有位邻居借钱，其夫没有借给他。宋慈听后，立即派差役让周围邻居带上镰刀到县衙集中，违者一律治罪。待众人到齐后，命人将所带镰刀放在阳光下暴晒，不一会儿，只见其中一把镰刀上落满苍蝇，便问是谁的？一看正是借钱的那个邻居，遂喝令拿下。那位邻居企图狡辩，死不承认。宋慈怒斥道：那么多镰刀放在一起，为什么苍蝇偏偏落在你的镰刀上，这证明你用镰刀杀人后，留下血腥气。因借钱不成，竟生歹心，干出这等蠢事。罪犯听罢，心服口服，叩头认罪。

宋慈把三十多年的破案经验总结提炼，同时借鉴历代官府刑狱检验的方法，使之条理化、系统化、理论化，形成《洗冤集录》一书，共 5 卷 53 目 7 万多字。这是我国第一部系统的法医学著作，也是世界上第一部法医学著作，比意大利人菲德利斯的同类著作早 350 多年。

在《洗冤集录》序言中指出："狱事莫重于大辟，大辟莫重于初情，初情莫重于检验，盖死生出入之权舆，幽枉屈伸之机括，于是乎决。"断案的事情，杀头是最重的，要依据犯罪事实，弄清案件事实全依赖于检验而认定。对待检验决不能敷衍了事，必须认真负责。

这部书记述了人体解剖、尸体检验、现场勘察、死伤原因鉴定、自杀和谋杀各种现象、毒物急救以及解毒方法等内容，记载的洗尸法、人工呼吸法、迎日隔伞验伤法、银针验毒法、明矾解毒砒霜等方法合乎科学道理，至今仍在使用。

关于验尸，总结出一套比较完整的方法，首先，验尸前须洗罨，用皂角水洗尸体，用热米醋、五倍子、白梅作局部罨洗，经此处理，可以洗净尸体皮肤上的脏污，固定伤痕，便于观察和检验。对于尸斑和尸体腐败的认定有明确记载，人死后由于尸体血行停止，血液坠积，尸体的低下部位会出现微红色的尸斑，过些天出现腐败现象，在两腋有尸绿，口鼻内有恶汁流出，蛆出，遍体膨胀，口唇外翻，皮肤脱烂，疱疹隆起，毛发脱落，遍身青黑。在四时变动篇中指出因不同季节、气候和死者胖瘦老幼情况，尸变速度也不同。对于不同疾病致死的尸体鉴定有明确记载，如因斑疹伤寒死亡者呈现紫红斑；因破伤风死亡者呈现口眼喝斜、手脚拳曲；冻死者出现面色痒黄、两腮红、口有涎沫；饿死者浑身黑瘦硬直、牙关紧闭、手脚俱伸等。

书中对自缢、勒死、溺水死、外物压塞口鼻死的检验同样有精准论述，如缢死者可见唇口黑，面带紫赤色；若绳索勒喉上者则舌抵齿不伸出，若勒喉下者则舌尖出齿门二至三分，死者口吻两角及胸前有吐出之涎沫，两脚尖垂下，腿上、肚下和小腹部有尸斑，大小便失禁等。对于生前溺死与死后推尸入水作出准确的区别。生前溺水的尸体，手脚爪缝有沙泥，或揩擦损伤；如是被人杀死推入水内，肚皮不胀，口眼耳鼻无水沥流出，指隙缝无沙泥，两手不拳缩，两脚底不皲白，身上有致命伤损处等。对于焚死与焚尸也有明确区别。"凡生前补火烧死者，其尸口鼻内有烟灰，而手脚皆拳缩；若死后烧者，其人虽手足拳缩，口内无烟灰，若不烧着两肘骨及膝骨，手脚亦不拳缩。"死后投水者皮肤无水泡，等等。

《洗冤集录》还记载用滴血法鉴定直系亲属的方法，将父母与子女的血液放在一起，看是否融合来鉴定血亲关系，或将子女的血液滴在骸骨上，如果血入骨，则是亲生的，否则排除血亲关系。这种鉴定法是现代血亲检验法的萌芽。当然，书中不免有一些错误和迷信的内容，但瑕不掩瑜，这部书具有非常宝贵的价值，自问世以来，成为历代刑狱官案头必备的参考书，沿用了六百多年之久。

宋慈之所以取得如此巨大成就，与他的出生和经历分不开。他出生在法医世家，其父做过广州节度使推官，长期掌管刑狱，积累了丰富的勘验知识。从小受家庭熏陶，又受业于著名理学家真德秀，而立之年中进士乙科，出任江西信丰县主簿，步入仕途生涯。嘉熙二年，调任南剑州通判，来年又任广东提点刑狱，两年后又任江西提点刑狱，正式走上勘验断案之路，在三十多年的任职生涯中，办理了大量的刑事案件。

作为儒生，宋慈受过系统的理学教育，又多年做官，思想上理应属于唯心主义。但在勘验实践中表现出来的却是唯物主义，传世名著中没有空洞的说教，大力提倡求真求实的精神。也许正是在长期的破案实践中，养成了用事实说话，用证据断案的思维习惯，只有这样，才能使案件更有说服力。

"实践是检验真理的唯一标准"，这句话，无论是否总结出来，无论是否承认，一直都在历史长河中默默地发挥作用。在科技高度发达的今天，我们更应自觉主动地用事实说话，靠证据断案，排除非法证据，提高证明标准，把每一个案件办成铁案，经得起历史的检验，以无愧于像宋慈这样的先辈！

明朝李福达谋逆案折射出的悲剧

明朝一代，李福达妖人案因牵连官员巨多、教训沉重、影响极大，名列众多案件前茅。到底是怎么回事呢？

李福达本是山西代州崞县（今原平市）人，又名李午。早年跟随王良谋反，失败后被擒，发配到山丹卫（今甘肃省山丹县）戍边。不久后乘机逃走，将名改为李五，到陕西洛川一带和其叔父传播白莲教，成为首领，聚拢数千人，抢劫财物，杀死杀伤上万百姓。官府派兵镇压，将其叔父和同党斩首，李福达侥幸逃脱，至太原徐沟（今山西省清徐县）隐匿，又改名为张寅。由于为人活络，又有钱财，李福达贿赂县中大户，认其为同宗，编入家谱，以此掩人耳目，逃避官府打击。站稳脚跟后，李福达捐钱充任太原卫指挥使。李福达还借烧汞炼丹的特长，搭上了武定侯郭勋，经常往来，关系密切。然而意外发生了，有一次他去同戈镇办事，被家乡仇人薛良发现并告发，官府开始追捕。次年，也就是嘉靖五年，官府抓住他的两个儿子，李福达不久被擒。

案情大抵如此，比较简单，这只是序幕，大戏却刚刚开始。办理案件的是代州知州，经过审讯后，上报布政司、按察使和巡按御史，均认定张寅就是李福达。但巡抚毕昭不同意，认为李福达不可能是张寅，是被仇人诬陷所致，并有证人作证，因此，力主李福达无罪，并要治薛良诬告罪。还没等案子审结，毕昭守孝还乡。御史马录正好巡按山西，便复查此案，认定张寅就是李福达，遂维持初判。武定侯郭勋得知消息后，给马录写信要求赦免李氏父子。马录一身正气，不给面子，定李福达谋逆罪，妻儿连坐，同时上奏章弹劾郭勋，并附上郭勋的书信，这一下子捅到皇帝那儿。嘉靖按惯例，交给都察院，会同刑部、大理寺"三法司"会审。经过审理，认定张寅就是李福达，有证人证言，事实清楚，证据确凿，应处以极刑。武定侯郭勋结交反贼，托人说情，干涉审理，也应依法论处。嘉靖皇帝同意，将李福达押入死囚等待处决。按法定程序走完，已经结案。

但事情并没有这么简单。郭勋是明初功臣郭英的后人，利用特权给皇帝上书，不提李福达案，而是大说特说自己因支持大礼议被文官集团厌恶，招致弹劾。这一招直击嘉靖软肋，怀疑文官们利用此案报复郭勋。这一下子和政治牵连上，麻烦大了。于是，嘉靖下令押送李福达到京，再次会审。地点在按察司，刑部尚书颜颐寿、侍郎王启、刘玉，左都御史聂贤，副都御史张闰、刘文庄，大理寺卿张沐，少卿徐文华、顾必，寺丞毛伯温、汪渊和锦衣卫、镇抚司各官参加，阵容强大，准备充分。经过审理，认定事实清楚，证据确凿，李福达也供认不讳，奏请磔死。但嘉靖仍不相信，再命九卿在朝廷会审。告发者薛良、证人李景全等人，一起指证此人就是李福达。这时复官的毕昭提供的证人成广却极力否认。嘉靖帝要亲自审问，被大学士杨一清阻止，遂认为文官们欺瞒他，不让他审是怕露馅，对文官们不信任。在这关键时刻，刑部尚书颜颐寿却顺遂皇帝，改变态度，也认为有问题，把铁案变成疑案，嘉靖帝更加疑心了。第二年，也就是嘉靖六年，皇帝下令锦衣卫逮捕马录、李璋、李珏、章纶、马秀等审过案的官员认真审讯。刑部尚书态度摇摆不定，时而认为铁案，时而认为疑案，致使嘉靖帝认为颜颐寿结党营私，欺骗圣上，于是，震怒下令逮捕颜颐寿、刘玉、王启、聂贤、刘文庄、张沐、徐文华、顾必等众多官员。被牵连的官员多达百人。同年八月，又下令桂萼总管刑部，张璁总管都察院，方献夫总管大理寺事务，全权负责审理李福达案。这三人都是大礼议事件中支持皇帝的一派。

经过这场争斗，朝廷里已经是风声鹤唳，草木皆兵。太仆卿汪玄锡和光禄少卿余才偶然说了一句："李福达案已知详细，为何生出更多的事来才停止？"然被告密，下令逮捕拷打，查问幕后主使。大学士贾泳因马录是其河南老乡，送书信安慰，被告发后，责令提前退休。张璁、桂萼、方献夫等人迎合圣上，严刑拷打官员，马录屈打成招，承认带着私人感情，使无辜之人被判有罪。于是，释放李福达等人。马录被判戍边，编入南丹卫，子孙世代戍边，又下令逮捕给事中刘琦、常泰、张逯、程恪、王科、沈放、秦祐、郑一鹏等四十余人，贬大理寺少卿徐文华、顾必戍边。

此案似乎到此结束。然而，三十九年后，意外发生的一件事，将此案彻底推翻，相关官员也得以沉冤昭雪。嘉靖四十五年，四川妖寇蔡伯贯被擒，供认山西李同为其师，而李同是李福达的亲孙子，几代人传播白莲教，假称是唐皇室后裔，蛊惑人心，造反叛乱。山西巡抚、按察使据此上报朝廷，得以查清真相。此时，嘉靖刚死，隆庆继位，内阁首辅徐阶起草的《嘉靖遗诏》曰："自即位至今，建言得罪诸臣，存者召用，没者恤录，在系者即先释放复职。"凡因言论获罪的大臣，活着的召回来继续使用，去世的抚恤家属，在牢里关着的立即官复原职。

至此，这才算彻底平反昭雪了。

其实，李福达案情比较简单，一个漏网的白莲教逃犯，换了身份，买个小官，日子过得不错，结果被家乡仇人发现告官，逮捕入狱。但由于牵扯上大礼议事件，性质变成你死我活的政治争斗，变成了嘉靖皇帝与文官们的较量，胜者王侯败者寇。在皇权至上的格局下，皇帝往往是胜利者，这就决定了文官们的悲惨命运。即使有理有据，也是失败者。所谓胳膊拧不过大腿，明知是错案也不行。只有在皇帝死后，才有翻案的可能。在一个社会里，法律只有与政治保持适当距离，才可言审判的公正性。

同为执法官，一朝两成龙

前些年，随着电视连续剧《于成龙》的热播，于成龙成为清廉执法的代表人物。之后又播出电视连续剧《于公案》，描述于成龙任职期间神机断案的故事。著名评书艺术家单田芳演绎的《于公案》在民间也广为流传。许多人以为这些讲的是同一个人物，其实是两个人，一个是山西吕梁人，一个是辽宁盖州人，而且同在康熙朝为官。

到底怎么回事？且听慢慢道来。

山西的于成龙（1617 年—1684 年），字北溟，号于山，出生在山西永宁州（今吕梁市方山县）。出仕前，苦读四书五经，勤学为政精要。出仕后，怀着"绝不以温饱为志，誓勿昧天理良心"的信念，在 23 年的仕途生涯中，跨越广西、湖北、福建、直隶、两江等地，从七品知县到封疆大吏，勤政爱民，勇于担当，取得非凡成就，深受百姓爱戴。逝世后，被追赠太子太保，赐谥"清端"，康熙盛赞为"古今廉吏第一"。有《于清端政书》传世。

于成龙的政绩，随着电视剧的播出广为人知，自不待言。他的断案能力也是非常高强。在广西罗城任知县时，一个市侩冯汝棠，聘请秀才钱万青为女儿冯婉姑讲课读书，天长日久，两人便私订终身，并得到两家认可。城中恶少吕豹变垂涎婉姑美貌，给冯家送去巨额聘礼，冯汝棠便贪财悔婚，转将女儿许配给吕家。在拜堂成亲时，婉姑将吕豹变刺伤，诉至县衙。于成龙经过审理后，略做思考，便写下："月明三五，堪谐凤世之欢。花烛一双，永缔百年之好。冯汝棠贪富嫌贫，弃良即丑，利欲熏其良知，女儿竟为奇货，须知令甲无私，本宜惩究。姑念缇萦泣请，暂免杖笞。吕豹变刁滑纨绔，市井淫徒，破人骨肉，败人伉俪，其情可诛，其罪难赦，应予杖责，儆彼冥顽。"判词言简意赅，文采飞扬，生动形象，既谴责了冯汝棠的悔婚行为，又惩罚了吕豹变的违法行为，保护了原先的婚约。

清初湖北黄州一带盗贼横行，抢劫杀人，无恶不作，官府苦无良策。于成龙到任后，扮作农夫客商，微服私访，发现府衙捕役与盗贼勾结，沆瀣一气。经过周密策划，获得盗贼名册，立即逮捕8名罪犯，除保释2人外，将其余6人和捕快全部活埋，在木牌上书："黄州府二府于成龙瘗盗处。"于公被当地群众称为"于活埋"。其他盗贼闻之丧魂落魄，再也不敢在当地作案了。

康熙十七年，于成龙升任福建按察使，官居正三品，掌管一省司法和驿传。赴闽前，命人买了许多萝卜放在船上。船夫讥笑："贱物耳，何多为？"他坦然答道："吾沿途供馈赖此矣。"康熙二十年，官拜两江总督，来到富庶之地，仍"日食粗粝一盂，粥糜一匙，侑以青菜，终年不知肉味"。老百姓称他为"于青菜"。

于成龙属于大器晚成型，44岁才考取贡生，到广西罗城任职。他前大半生是在家乡度过的，现留有故居，在方山县北武当镇来堡村，共有三处宅院，皆为清代建筑，现已辟为纪念馆。在吕梁市离石区安国寺内，还有于成龙读书的窑洞，松柏青青，流水潺潺，风景优美，是一块绝佳修行之地。于公就是在这里静心读书六载考上贡生的。现已被当地政府建成廉政教育基地，参观的人络绎不绝。

辽宁的于成龙（1638年—1700年），汉军镶红旗人，字振甲，号如山。出生在辽宁盖州，比山西的于成龙小21岁，是谓小于成龙。11岁时举家迁居北京通州，因八旗子弟不用参加科举考试，16岁学习满文，弱冠之年进入国子监，康熙七年荫生授乐亭县令，开始长达33年的宦海生涯。历任通州知州、江宁知府、安徽按察使、直隶巡抚、河道总督等职。他同样刚正不阿，嫉恶如仇，一身正气，两袖清风，深得当地群众爱戴。逝世后，直隶一带流传很多关于小于成龙的破案故事，后人著有评书《于公案》，加之民间艺人演绎传播，在京津冀名声很大。

小于成龙先后两任乐亭县令，治理滦河，多有善政，宦绩斐然，百姓广为称赞。康熙八年，小于成龙因罪囚脱逃降级调用，乐亭顾明亮等人到京师景山上书，请求于公复任乐亭县令。吏部不准，并将顾明亮等人发配尚阳堡。乐亭群众不服，王尔正等人再次向皇帝乞求，吏部仍不准，也将王尔正等人发配尚阳堡。康熙知道后问道：为何百姓甘冒流放之险，乞求知县复官？便命直隶巡抚金世德核实。金巡抚调查后列出于公 17 条善政。康熙遂下旨于成龙重新出任乐亭县令。于公慨叹："天下有贪官无刁民，民之刁皆官致之。官言民刁，即非良吏。"前些年，唐山评剧团推出新编历史剧《乐亭县令》，讲述于公担任县令时整治水患、改善民生的事迹。

小于成龙在通州为官三年，发展义学，为贫穷子弟择师教学，受到赞誉。他还善于审理刑事案件，严格遵照清律公正断决，宽严有度，感化一些顽犯，使当地百姓安居乐业。据记载，康熙有一次乘龙舟准备从通州一座桥下通过，由于桥面较低，挡住水路，遂命令拆桥。小于成龙分辩说桥不可毁。侍卫质问：难道你要抗旨不遵吗？他说毁桥容易建桥难，应奏明皇上，体察民生艰难，可抬舟过桥，两相宜。康熙最后采纳他的意见，赞许他智慧过人。康熙二十五年，小于成龙升迁直隶巡抚后，针对当地盗贼猖獗，雷厉风行，废除累民弊政，弹劾失职官员，惩办贪官污吏，抓获潜匿土匪、土豪恶霸，使社会生态明显改善。

于公去世后，随父葬于北京石景山区杨庄村，文革期间，墓地破坏严重，石刻全部被毁，1969 年拓宽杨庄大街时，坟墓被夷为平地，1995 年修建楼房时，施工中出土了于成龙墓志铭，对研究于公的生平事迹具有非常重要的价值。

山西的于成龙和辽宁的于成龙同在一朝为官，且都做过直隶巡抚，大于成龙在职时间较短，小于成龙时间较长。《清史稿》记载："同时两于成龙，先后汲引，并以清操特邀帝眷，时论称之。"直隶民谣亦有："前于后于，百姓安居。"更为有趣的是，大于成龙曾推荐过小于成龙，可谓惺惺相惜。康熙二十一年，直隶巡抚于成龙升任两江总督，向朝廷推荐通州知州小于成龙，皇帝恩准，擢拔为江宁知府。刑部尚书魏象枢巡察通州时，小于成龙向其辞行，魏尚书赠诗："冰清玉洁两于公，名姓相同志亦同。"大于成龙去世时，身边没有子女亲人，小于成龙便主持料理后事，不遗余力。陈廷敬在《于清端公传》中记载："时署中无亲指，衣衾、饭含皆不备，江宁守于公经理其丧。"

两人情谊一时传为佳话，令后人仰慕不已。

上"大清第一疏"的孙嘉淦

"耳习于所闻，则喜谀而恶直；目习于所见，则喜柔而恶刚；心习于所是，则喜从而恶违。三习既然成，乃生一弊。何谓一弊？喜小人而厌君子是也。"

这是清朝大臣孙嘉淦给乾隆帝的奏疏，从耳、目、心的小切口，阐述政治生态的大问题，立意高远，笔锋犀利，直指人性的弱点，切中官场的弊端，震聋发聩，读后获益匪浅。

乾隆刚继位时，朝中阿谀之风盛行，权臣福敏、巴泰和朱藻等人沆瀣一气，造假龙靴，建"御靴亭"，曲意逢迎，谄媚圣上。作为直臣，孙嘉淦看在眼里，急在心上，鼓起勇气给皇帝上奏《三习一弊疏》。一腔肺腑之言，招致龙颜大怒，被贬到京城顺义修长城。然而初心不改，努力做事，不久乾隆幡然悔悟，体会到"三习一弊"的危害性，将他的奏折在朝堂上宣读，与群臣共勉，把"御靴亭"改为"名疏亭"，并将《三习一弊疏》镌刻立碑以为警示。前年，山西演出新编晋剧《名疏记》，歌颂孙嘉淦为民请命，犯颜直谏，上书《三习一弊疏》的家国情怀故事。

孙嘉淦（1683年—1753年），字锡公，号静轩，山西兴县人。祖父担任过知县，父亲是乡里有名望的绅士，在这样的环境里，从小受到严格教育，饱读诗书，打下扎实过硬的基础。而立之年，高中进士，授庶吉士，踏入仕途。经康熙、雍正、乾隆三朝，历任刑部、兵部、工部、吏部四部尚书和直隶总督、协办大学士等要职。公务之余，潜心研习程朱理学，处处以圣人标准要求自己。正是在程朱理学的严格熏陶下，他才成为憨直纯粹之人。

雍正刚继位时，孙嘉淦上书，劝诫三件事："亲骨肉、停捐纳、罢西兵"。后两件事倒也罢，第一件事简直是给皇帝一个响亮的耳刮子。雍正在康熙末年九王夺嫡中胜出，为了巩固地位，先后剪除亲兄弟，手段残忍，遭至非议。孙嘉淦不识时务，上书直指软肋，满朝轰动，皇帝震怒，国子监掌院朱轼解释："嘉淦诚狂，然臣服其胆。"雍正也转怒为笑："朕也服其胆。"不仅没有治罪，反而擢升为国子监司业。此事过后，孙嘉淦声名鹊起。随后，不能释怀的雍正因他荐人不当，交刑部议处，念他不爱钱财，打发到户部管钱。在别人眼里，这是个肥差，嫉妒他，举报他贪污钱财。管户部的果亲王认为他做过大官，如今屈就做些杂事，肯定会闹情绪，于是亲自到银库查访，发现孙嘉淦正和吏卒一起，又是记账，又是搬运，拿着秤一份一份细细称，将入库的银子码得整整齐齐，取来复称时，丝毫不差。果亲王很是感动，汇报给皇帝，遂委任他为河东盐政。

乾隆元年，河南郑州发生一起影响恶劣案件，株连十几人，多人被屈打成招，当事官员也被以死罪上奏核准。朝廷官员皆以为然。只有河道总督表示怀疑，请求复核。乾隆遂令孙嘉淦前往调查，经多方审讯，终于查清是官吏与当地豪绅勾结制造的冤案。他如实上报，举朝大骇，最终"上然之，竟从其议"。皇帝同意他的处理意见，彻底平反昭雪这起冤案。

他不仅勇于任事，而且智慧过人。有一次，乾隆过寿，众臣皆奉送奇珍异宝，唯独孙嘉淦送了一桶青菜，寓意"大清一统清白"。孙嘉淦做主考官时，雍正问他：天下有几种人？孙回答有两种人，一种是为名，一种是为利。雍正问他是哪一种人？他答道：为臣不爱钱。意思是他把名声看得比命重要。

乾隆十二年，孙嘉淦告老还乡，为了不让乡绅耻笑他的穷酸样，便让家丁装运十几箱砖头运回老家，途中被人发现，举报他贪财敛富，经查才真相大白，乾隆知道后，命当地官府以银子买下砖头，算是奖赏他的清廉。

晚年，他总结官场得失，写下著名的《居官八约》："事君笃而不显，与人共而不骄，势避其所争，功藏于无名，事止于能去，言删其无用，以守独避人，以清费谦取。"确为做官秘诀啊！

前些年，电视连续剧《雍正王朝》生动地塑造了孙嘉淦的憨直忠诚形象，留下深刻印象，结局却与历史不符。电视剧中雍正派遣孙嘉淦监督年羹尧，结果被杀。实际上孙嘉淦是惊悚而亡。据记载，乾隆十五年，筹划南巡，一些官员假托孙嘉淦名上奏谏，企图阻止，后被发现，朝廷下令在全国范围查处伪奏折一事，前后延续三年，仅四川一省就有 280 多人因传抄获罪。孙嘉淦承受了很大压力，对家人说："先帝及今上，尝戒我好名，今独假我名，殆生平好名之累未尽，有此致之。"乾隆十八年，惊惧而亡，享年71 岁。

孙嘉淦一生勤奋，著述颇丰，有探究儒学精义的《近思录辑要》，有歌颂祖国大好山河的《南游记》，还有用儒家观点解读的《庄子内篇评注》《春秋义》等书籍。

"刺宋事件"背后的历史之问

1913年3月20日，上海火车站台内，旅客正在缓慢有序地走进车厢，送行的人们纷纷招手致意。这时，突然从人群中窜出一名刺客，将手枪对准正要登车的宋教仁后背连发数枪，顿时血流如注，旁边送行的黄兴、于右任、廖仲恺等人立即将宋教仁送往附近医院抢救，刺客乘乱逃离。虽经多方抢救，医治无效，于次日，宋先生带着无限的遗憾离开这个世界。

这就是民国初年震惊全国的"刺宋事件"。宋教仁作为国民党的创始人和议会斗争的领袖，在全国范围内拥有巨大的政治影响力。舆论界普遍认为他的被刺是对热衷于议会政治、搞民主共和的势力一次沉重打击。

宋教仁是辛亥革命时期著名的革命家、政治家，也是民族资产阶级在中国传播和实践西方法律思想的先行者。早在日本留学时，就对资本主义社会制度发生兴趣，广泛阅读西方政治法律方面书籍，翻译了《日本宪法》《俄国革命》《英国制度要览》《各国警察制度》等大量书籍，系统地学习掌握理论知识，对西方国家政治、法律制度有深刻认知。民国成立后，担任法制院院长，组织起草《中华民国临时政府组织法》等。宋先生经过多年学习和实践，形成自己的一套政治法律理论。他撇开孙中山的五权宪法，讨论宪法，行政、立法、司法三权应如何分配，中央与地方之关系及权限应如何规定，是皆当依法理据事实，以极细密心思研究者。他非常重视议会和政党的作用，主张通过议会斗争贯彻政党的政纲，实现共和立宪。他认为，世界上民主国家，政治权威集中于国会，国会里占大多数议席的党才是有政治权威的政党。因此，要组织政党，通过选举活动，在国会里获得过半数以上的议席，进而组成责任内阁，实现自己的政治主张，退而在野也可以监督政府，不敢胡作非为。他全面否定袁世凯政府的专制统治，认为只有国民党出面组织议会政党、责任内阁，才能救治"不良政府"。

作为主张共和立宪的理论家，宋先生认为宪法是共和政体的保障，能否建立共和政体，要看将来制定什么样的宪法。把宪法的重要性与共和政体的建立和巩固联系起来，是其立宪思想的一大特色，希望制定真正的共和宪法，成立纯粹的政党内阁。共和政体中，不应实行总统负责制，而是实行责任内阁制，政府的职权由内阁行使，责任由内阁承担。总统享有最高权力的地位和名誉，但不直接行使职权，不承担政府责任。内阁组织不好，可以随时重组，总统则不能轻易更换。他主张国务院应由议会里的多数党组成，内阁总理由多数党领袖出任，内阁对议会负责，总统不负责任，这些主张与意大利的责任内阁制相类似。

在司法权方面，宋教仁主张司法的统一和独立的审判权。"如果司法权同立法权合而为一，将对公民的生命和自由实行专断的权力，因为法官就是立法者。""如果司法权与行政权合而为一，法官便将握有压迫者的力量。"必须将司法权与立法权、行政权相分离，才能保障司法权的独立行使。他还主张司法权的统一行使，各地司法机构实行四级制，培训法官和律师，保障法律统一行使，"宜采仿各文明国监狱制度极力改良监狱"，消除残暴的监狱乱象。

宋教仁先生的法律思想还是蛮丰富的，不仅对三权相分、议会斗争有详细深刻的阐述，而且对国际法、战争法、海洋法以及行政法方面也有不少论述。在间岛和澳门划界问题上，充分展现了他的国际法观点。间岛是我国东北与朝鲜接壤的地方，在图们江以北延吉一带，面积大约十万平方千米，自古属于中国领土。1907 年前后，日属韩国人越江垦殖一段时间后，便强行主张属于韩国的领土，并在间岛地区派驻军队，设立管辖机构保护韩民。宋先生运用国际法知识多角度论证了间岛作为中国领土的合法性，他说："然则间岛当为中国领土，其条件完全具备矣。间岛问题，当以判为中国领土为最多之解决。"最终维护了我国领土的完整。

1910 年，中葡两国对澳门划界问题争执不休，葡萄牙认为中国在澳门长时间不行使主权，又将管辖权让渡给他们，他们在此建设衙署、村落、教堂、学校、营舍等，久在葡萄牙治下，应属于他们领土。宋先生认为葡萄牙的理由是避法而取事实论，将取得时效作为占领领土的依据。他说："然时效云者，其例盖仿于普通民法。民法上之取得时效，大抵以平稳彰明于二十年或十年间继续占有他人之物而不经对手人请求为条件。"葡萄牙占有澳门的行为不符合取得时效的条件。取得时效适用于无主财产，而澳门自古以来就是中国领土，是葡萄牙强行侵占中国的结果，自然不适用取得时效制度。葡萄牙的行为无非是欺负我国政府没有掌握国际法知识的人，以达到侵占我国领土的目的。宋先生还运用国际法理论对帝国主义在中国划分势力范围、领事裁判权和会审制度进行深刻批判，有力地维护我国司法主权。

从上述表述中，可以看出宋教仁是一位怀有强烈民族责任感和追求自由民主的革命家。宋教仁（1882年—1913年），字得尊，号敦初，别号渔父，湖南桃源人。自幼天资聪明，喜好读书，乐交朋友，追求民主自由。1903年，结识黄兴，两人志同道合，成为挚友，一起从事反清大业。次年，华兴会在长沙成立，宋教仁便担任副会长，成为中坚力量。后因长沙起义失败，逃往日本，在日本法政大学、早稻田大学求学，把主要时间和精力放在研究西方政治法律制度上，翻译书籍，创办报刊，大力宣传革命。辛亥革命成功后，参与起草《鄂州临时约法草案》。1912年，担任中华民国法制院院长，起草制定法律。同年8月，主持同盟会工作，将其改组成国民党，当选理事，受孙中山的委托，代理理事长，成为国民党的核心力量。他主张发挥议会作用，限制袁世凯的专制统治，到处演说，唤醒各派力量，使国民党成为国会多数党，赢得议会斗争的重大胜利。他主持国会竞选活动，成为国民党的领袖之一，正欲以党首身份组阁之际，不幸在上海被刺身亡。可以说，宋先生是为我国议会斗争而牺牲的第一人，他的死也证明了在专制统治深厚的国家，从事议会斗争，进而获取政权的不可能性。随后的事实也表明，随着宋教仁的被刺身亡，民国时期的议会斗争也陷入低潮。

宋渔父先生的一生虽然短暂，但充满激情，政治生涯壮怀激烈。孙中山评价他："作公民保障，谁非后死者；为宪法流血，公真第一人。"梁启超评价为："吾与宋君所持政见时有异同，然固确信宋君为我国现代第一流政治家。歼此良人，实贻国家以不可复之损失，匪直为宋君哀，实为国家前途哀也。"蔡元培评价："其抱有建设之计划者居少数。抱此计划而毅然以之自任者尤居少数，宋渔父先生其最著也。"

在上海闽北公园内，建有宋教仁先生之墓，墓顶为其座像，基座上方雕有一个展翅欲飞的雄鹰，象征先生的凌云之志，石座下方刻有章太炎的"渔父"二字，四周遍植龙柏，绿树成荫，庄严肃穆。

北京动物园的最西端，游客罕至的绿荫深处，有一座欧式巴洛克风格的二层小楼，原先是慈禧太后的行宫。民国初期，宋先生曾在此居住生活过，被刺身亡后，民国政府在院子里建起一座"宋教仁纪念塔"，文革时被毁，现留有遗址，矗立着一块"宋教仁纪念塔遗址"石碑，以供后人凭吊。

王用宾其人其事

　　说起王用宾，历史上有两个人物，一位是清朝道光年间的官员，安徽人，本来是奉旨担任台湾知府，后由于种种原因，与他人对调担任江西省吉安知府。另一位则是民国时期的政要，山西人，今天要说的正是此位。

　　山西王用宾（1881年—1944年），字利臣，号太蕤，山西省临猗县人。1901年考入太原府学堂，次年入山西大学堂。两年后获官费赴日留学，先攻读铁道工程，后转入法政大学专攻法律，是清政府派往日本的第一批官费留学生。留学期间追随孙中山，加入同盟会，成为首批会员，被推举为同盟会山西支部长。与留日同学刘绵训、景耀月等人创办刊物《晋话报》，鼓吹革命，联络同志。因言辞过激被当局查封停办。后又创办《晋阳公报》，担任总编辑，系山西第一家民办报纸。同盟会组织以此为机关，联络仁人志士，进行革命活动。辛亥革命期间，联络阎锡山等人，组织燕赵联军，合力进攻北京。返回山西后，被任命为河东节度使，回晋南组织河东军政府，在陕西民军帮助下光复运城。民国成立后，历任山西省议会副议长、国会参议会议员、河南省代理省长、国民政府立法院法制和财政委员会委员长、司法行政部部长、中央公务员惩戒委员会委员长等职。

　　在民国法制史上，王用宾是一个不可或缺的人物。他在日本攻读法律，革命成功后，担任山西省议会副议长期间，与刘绵训在太原创办法政专门学校，两人先后担任校长，为山西培养一批法律人才。与邵修文合译《中国历代法制史》，作为学校教材使用。1913年被选为第一届国会参议员和宪法起草委员，参与立法事宜。1928年11月任南京国民政府第一届立法委员，主持制定了一些法规。1931年，与焦易堂合作创办首都女子法政讲习所。1934年12月至1937年8月担任两年多司法行政部部长。作为一名政治家和司法活动家，其法律著作甚少，法政思想多见于演讲和司法公文中。

司法为民是王用宾法政思想的集中体现。他出生农门，倍知稼穑艰难，早年游学东瀛，受过系统的现代法律教育，笃信三民主义，富有爱国精神，从而奠定了博爱平等思想，体现在法政方面自然为司法为民。他认为人民是司法的主体，法院是为民服务的机关。司法活动中，推事和检察官把人民利益放在心上，"时时事事在人民方面着想，使人民相安，并要使人民对法院有坚确的信任，对新法律不取怀疑的态度，这才算尽职。"他在视察山东高等法院第一分院时指出：人民对于司法之信仰力日减，实因法官不负责任，对于民刑案件，任意延搁所致。要求法官办理案件，勿以依法办理，即为己尽法律之责任，务须本革命精神，以扫除诉讼拖累，减轻人民痛苦为己责，始能成为一个好法官。对于办案拖延，致民讼累之法官，他尤为痛恨，斥为"民贼"，要求"办案务须随到随办，并要切实结案，推事非将事推卸了事之谓，必须将事办妥，始能勿负天职"。努力做到"力求减轻人民诉累，结案要速，羁押要慎，执行要力。"

作为国民党官僚，王用宾和居正、徐谦等人主张司法党化。他指出："党义为今日立法之最高原则，法律已为党义之结晶，法官必须明瞭党义，然后适用法律才不致发生错误。""非先改造法官，不能改造司法。"他认为改造法官最简单最便捷的方法是短期的法官培训，灌输革命精神和本党主义。他在担任司法行政部长两年多时间，调训法官五期，每期一百多人。他强调举行总理纪念周意义，通过讲读总理遗教互为策励，对法官产生潜移默化作用。

关于法院接受监督问题，他要求司法行政部"对于各级法院不必客气，必须尽我们监督的责任"。他强调法官要有大局观念，司法工作服从于国家整个大局。法院工作"就在人民守法，社会安定，同时逐渐建设起来，或可少纾国难，这样的基本工作，司法界是负有极大任务，本部监督各级法院，尤为当前的唯一重大使命"。王用宾主导下的司法行政部积极推行县级司法改革，在未设法院的地方，筹设司法处，作为过渡。他指出："改设县司法处之目的，在求审判独立。"同时谋求全国司法经费的统一。他认为司法经费应有国库负担，须逐步推行。

沈家本在清末改制中把感化主义刑事政策引入国内，注重对犯人的改造教育，使之回归社会，主要体现在监所改造环节。王用宾将之延伸到起诉和审判环节。他主张在侦查起诉阶段，检察官对轻微刑事案件应以不起诉为妥，如所有案件概行起诉，则检察制度等于虚设。推事在审判阶段，"应详审案情，不可随便滥押、起诉、判罪，轻微罪犯，最好使其当庭自认错误，诚意悔改，不待判罪执行，已收感化之效"。

针对少年犯，王用宾主张设立少年法庭和少年监房，分别施以感化。他指出，必须选择性情和平或者对于社会学教育学很有经验的法官，办理少年犯的案件。法官在办案时不必穿上制服，高坐堂皇来问案子，尽可如同他在家里谈话一样的询问。未成年人如果犯了罪，放在成年监狱里，则不仅难收感化之效，且有因此养成恶习之虞。少年监狱则每省须设一所，监狱之内，增设图书室、音乐室、工场、农场等，对监狱犯人进行改造感化。在 30 年代国家战乱频频，人民流离失所，生活没有保障的情形下，王用宾的想法未免太理想化了，很难实现。

此外，王用宾还对保障人权、司法均衡发展、基层司法建设、提高司法效率等问题进行论述。

王用宾不仅是怀抱救国图强的革命家，而且文笔出众，擅长吟词作对。他历经时代变革，参与当时社会政权的易帜，在动乱现实中有不同的人生体验和情感表达。他满腹经纶，博古通今，诗作丰富，写了千余首诗词，著有《半隐园侨蜀诗草》《半隐园词草》等书籍，被誉为陆游式的爱国诗人。这些诗词记录了他的人生志向和心路历程。如五古诗："辛亥太原破，兵马遽彷徨。河东余节度，秦晋始联防。西北成犄角，江汉广难航。共和于焉定，一椎阵流狂。解甲登议席，约法整三章。"讲述了他在辛亥革命期间所做的业绩，成功后当选议员参与立法情形。

他在任司法行政部长时，受到蒋介石的排挤，抗战爆发后被免去职务，挂了个闲职，避居陪都重庆，过起了诗酒酬答、结社唱和的悠闲生活，自嘲为"吏隐"。诗词大部分是在抗战期间所写，虽不能亲临前线杀敌，但心系战事，忧虑国家存亡，表现出强烈的家国情怀。"故园汾沁边烽燧，战士江淮半死生。叹息年来衰病起，夜兰匣剑为何鸣？"当他得知儿子被委重任，奔赴山西前线时，特意作诗以勉励："十年随侍忽分离，又是万方多难时。三晋云山新壁垒，两河豪杰旧旌旗。归来桑梓必须敬，劫后沙虫尤所思。中夏存亡关上党，军民传语好坚持。"

1942年，国民政府组织中央前线慰问团，慰问抗战将士。王用宾表现出极大热情，不顾疾病缠身，作为第一分团团长，前往潼关、风陵渡一带的三省交界处，隔河遥望近在咫尺的家乡，被日军的铁蹄践踏蹂躏而义愤填膺，更为抗战局势充满忧患，赋诗一首："三月劳军万里程，中原形势略分明。角声薤簌吟难就，沙际骸髅血未清。父老遮询恢复日，旌旗屹坚汉家营。精神正是新沟垒，除此莫谭纸上兵。"

最能体现王用宾家国情怀的还是《满江红·忆风陵渡》："莽莽长河，冲破了、鸿沟峭壁。看一抹、雷崩陵岸，浪飞沙石。突兀雄关天半挂，苍茫古道斜阳窄。任胡骑、封豕卷长蛇，漩流隔。弦拓处，抛霹雳；烟缕里，攒锋镝。尽山头火力，风声清激。众志成城牢可恃，潜师暗渡终无策。况中条、十五次交锋，俱摧敌。"与岳飞那首著名的《满江红》有异曲同工之妙。可惜的是，他没能等到抗战胜利的那一天。

王用宾的诗词皆是吟咏现实，忧国忧民的爱国情怀贯穿始终，沉郁豪壮的风格是人生真实写照。在继承杜甫、陆游创作风格的基础上，融入了新的时代内涵。国学大师姚奠中评价王用宾："现在的一千多首诗词中，忧国忧民思想是贯穿全部作品的一根红线。尽管作品中充斥着大量游山玩水、流连光景、修禊、登高之类的题材，但在字里行间流露着时代的悲音，体现着难以言传的锥心之痛。"

郁曼陀的法律人生

　　美丽灵动的富春江畔有一座鹳山，因其形状如迎江俯瞰的鹳鸟而得名。站在山上朝南俯瞰，伸入江中的石矶是鹳鸟的脖子，满山郁郁葱葱的树木则是羽毛，展翅欲飞，煞是雄伟。

　　鹳山及其周围现已辟为公园。鹳山公园是富春山山水历史文化的缩影，李白、白居易、苏东坡以及郭沫若、沙孟海等古今贤人都曾留下遗迹和墨宝。园内有春江第一楼、东汉名士严子陵垂钓处、龟川秋月和董公祠等名胜古迹。

　　附近还有一栋二层小楼，是现代文学家郁达夫和兄长郁曼陀奉养母亲的地方，现改为郁达夫纪念馆。距楼不远，建有双烈亭，亭额"双松挺秀"，亭壁镌有郁氏兄弟线描半身像，下附小传，柱联是兄弟俩的诗句："劫后湖山谁作主，俊豪子弟满江东。""莫忘祖逖中流楫，同领山亭一钵茶。"离亭不远处便是"郁曼陀先生血衣冢"，于右任题额，冢志铭由郭沫若撰文，马叙伦手书。

　　郁达夫是我国著名文学家，郁曼陀虽然没有其弟有名，但却是我国司法界在抗日战争中为国殉身的第一人。他是浙江富阳人，早年丧父，靠母亲摆摊和几亩薄田维持生计。少年考取浙江首批官费留学生，就读日本早稻田大学师范科，继入法政大学专修法律。归国后，民国元年，被任命为京师高等审判厅秘事，次年去日本考察司法制度。民国三年，被任命为大理院推事、最高法院法官。同时，在朝阳大学、中国大学、法政大学和司法讲习所、东吴大学等校兼任刑法教授。1929 年调任大理院东北分院推事、最高法院东北分院刑庭庭长。九一八事变前夕，日军通知他不得擅自离沈，有要职委任。他不愿为日军服务，化装逃回北平。1932 年到上海，任江苏省高等法院第二分院刑庭庭长。

郁曼陀在日留学期间就是激进的革命派，经常著文作诗抨击腐败的清政府。在江苏高等法院工作期间，利用第二分院设在上海英租界所处的特殊地位，积极帮助、庇护民主进步人士。1933 年，廖承志在上海公共租界被捕，南京军法处要求引渡，郁法官坚决不同意引渡给特务机构，宋庆龄委托律师向他说明情况，他毅然决然地释放了廖承志。廖承志的母亲何香凝为表谢意，亲手绘制《春兰秋菊》一幅相赠。新中国成立后，何香凝在画上补题："1933 年承志入狱，其时得曼陀先生帮忙，特赠此画纪念。"同年 5 月，郭沫若见到画和题词，又在画端题诗："难兄难弟同殉国，春兰秋菊见精神。能埋无地天不死，终古馨香一片真。"

1935 年，作家田汉、阳翰笙在上海租界被捕，郁曼陀在开庭审理中，给予多方关照和帮助。事后，田汉对郁曼陀先生之女郁风多次提起往事，感激不尽。

1937 年，淞沪战役失利，上海沦为孤岛，郁曼陀仍在英租界坚守岗位，坚持司法尊严，保护爱国人士，严惩民族败类。沪江大学校长刘湛恩遇刺一案，就是由郁法官审理的。他义愤填膺，当庭痛斥凶手，依法判处极刑，伸张了正义。刘校长之子称赞他高风亮节，秉公执法，令人敬佩。

以身许国、视死如归的郁曼陀，在上海敌伪包围中苦斗两年。日伪对他十分仇视，多次寄他附有子弹的恐吓信，他都置之不理。亲朋好友见他处境险恶，劝他及早离开这个是非之地。面对敌伪淫威，没有被吓倒，他说："国家民族正在危急之际，怎能抛弃职守？我当做我应做的事，生死就不去计较了。"1939 年 11 月 23 日，他上班路上，终于遭到预先埋伏在寓所附近的特务暗杀，年仅 56 岁。柳亚子赞誉他："毅然不为所动，卒以身殉。呜呼，是可与马革裹尸者争烈矣！"为感念他的英雄壮举，乡亲们把他当天所穿的血衣埋葬在故居松筠别墅旁，形成现在的血衣冢。郭沫若在血衣冢撰文："似先生之风烈，余不仅当铭之于文，且将铭之于心，瞻之在前，没齿不忘也。石可磷而不可夺坚，丹可磨而不可夺赤，谁云遽然而物化也？凝血与山川共碧。"高度赞颂了郁曼陀先生刚正不阿、视死如归的爱国情操。

六年后，他的弟弟、著名文学家郁达夫在苏门答腊丛林中被日军杀害，年仅 50 岁。兄弟俩为民族解放事业献出宝贵生命。新中国成立后，郁氏兄弟都被人民政府追认为革命烈士，当地政府在鹤山上建立双烈亭，以为永久纪念。

工作之余，郁曼陀还在东吴大学、法政大学讲授法律，传道解惑，培养人才，并著有《刑法总则》《判例》等书。

郁先生不仅是一位刚正不阿的法官，而且还擅长诗书画。生前为南社社员，著有大量诗词，留有《郁曼陀诗词精选》《郁曼陀·陈碧岑诗抄》，后者是夫妻两人的诗词合集。这些诗词反映了郁曼陀的人生轨迹和家国情怀。如《除夜》"去国三千里，荒村此独居。年从愁里尽，客自病中疏。顾景怜亲老，怀归恨约虚。乡心随烛短，不寐捡家书。""这是郁曼陀在日留学期间，除夕夜怀念家人的情感流露。又如《酬达夫弟原韵》："莫从海外叹离群，奇字时还问子云。几辈名流能抗手，一家年少最怜君。懒眠每凭乌皮几，好句争题白练裙。夺得诸兄新壁垒，骚坛此席要平分。"表达了郁曼陀和最小的弟弟郁达夫的兄弟情谊。再如《忆松筠别墅示碧岑》："劫余画稿未全删，历历亭台记故关。烟影点成浓淡树，夕阳皴出浅深山。投荒竟向他乡老，多难安容我辈闲。江上秋风阴归掉，与君何日得开颜。"寄托了对妻子的无限思念，盼望着团圆的那天，与妻子笑开颜。

冀贡泉

——山西法学教育的先驱

隆冬时节，和几个文友冒着严寒驱车 80 多公里，来到了以盛产汾酒闻名的汾阳市。虽然天气寒冷，但街上依然人头攒动。城内的文峰塔高耸入云，巍峨壮观，是华夏砖塔中第一高塔，也是亚洲最高的生肖塔，成为汾阳文化的象征。在离塔一公里左右的地方，就是冀家大院了。它由九个院落组成，大多为二进院、三进院。这些建筑属于清末民初风格，与乔家大院、王家大院等晋商大院不同的，没有过多砖雕、石雕和木雕。整体建筑沿高廊深，典雅古朴，颇具有耕读传家的韵味。建筑群大多破旧，只有旧院、新院、楼院保存较好。旧院坐落在建筑群的中央，是一个北方传统的二进院，门厅高大，正北有三间房屋，上下院两边各有三间厢房，中间有过道相连。大院的曾经主人就是我们此行探寻的人物——冀贡泉，在山西法学教育史上留下了浓浓一笔的人物。

冀贡泉（1882 年—1967 年），字育堂，号醴亭。清光绪二十六年中秀才，光绪三十年参加学台征文考试，被录取山西大学堂。次年参加省里官费留日考试，名列榜首，到日本明治大学攻读法律，达 8 年之久。民国成立后，归国在教育部任主事，与鲁迅共事一年。同年底返并任山西法政专门学校教务主任、校长，后任山西大学法科学长。1928 年，出任山西省司法厅长、高等法院院长。又过两年，他自请裁撤司法厅，将人员编入法院，只身引退到山西大学法学院教书。1932 年至 1938 年出任教育厅长。七七事变前，以父病为由辞职归故里。抗战爆发后，躲避战乱到武汉，拒绝高官聘请，在汉口租界开业做律师。后受周恩来派遣随子赴美，创办《华侨日报》，任主编 8 年，成为我党在美宣传抗日的重要阵地，产生了巨大影响。1947 年，回国应胡适邀请，出任北京大学法律系主任、教授。新中国成立后，历任北京政法学院第三部主任、中央法制委员会委员、省文教委员会主任以及省政协副主席等职。曾参加起草第一部《婚姻法》和释放日本战俘工作。文革初，病逝于北京，享年85岁。

从1913年至1937年，冀先生在山西从事法学教育和司法工作长达25年。他于1912年辞去教育部主事之职，应邀回家乡担任山西省法政专门学校教务主任，协助校长管理校务。学校开始招收有国文根底的学生入校，增设讲习科学班一个班级，争取办学经费万余元。次年，他开始全面执掌校政，为扩大教学规模，又增设一班，面向偏远县区学生，将讲习科学班改为别科班，提升教学层次。在校学生达到1230人，班级11个，老师34名。新建一座二层楼，将学校扩建为"大教室十一处，小教室二处，学生自修室、寝室上下楼房各十斋，图书馆、体育部、体操场各一处"。1914年8月，山西商业专门学校并入法政专门学校，冀先生调任山西大学法科学长。4年后，又兼任校长，整顿校规，健全人事，增添设备，添加图书，使学校获得快速发展。当时有句流行语："法专的厨房，工专的茅房。"说明法政学校的后勤搞得好。山西省法政专门学校后于1934年并入山西大学法学院，存在27年，为本省乃至全国培养了数千名法律专门人才。

冀先生从1914年出任山西大学法科学长，到1932年离职，执掌法学院18年。任职内，无论改善办学条件、扩大办学规模，还是扩充师资力量、完善课程设置，他都倾注了极大心血。在师资力量方面，为学校延揽了一批海外留学人员从事教学，如张端、陈受中、梅汝璈等人，都是日本、美国著名大学毕业生，后来成为法律界栋梁。张端曾担任山西省法政专门学校校长、省议会副议长；陈受中担任过山西省咨议局副局长、省议会临时副议长、督军府高级参议；梅汝璈担任过远东国际军事法庭法官，参加对日本战犯的审判。冀院长还重视学生实践和学术交流活动。他组织学生成立审判实习社、社会科学研究会、学艺刊社等学术团体，定期出版刊物。他十分重视学生道德的培养，常对学生做精神讲话，传授为人处事之道。为促进学生国文学习，每月考试一次，榜示优劣，山西日报给予报道，反响强烈。在繁忙教学管理的同时，他还亲自给学生们上课，讲授国际法、罗马法、民法总则、中外条约等课程。同时著有《伦理学》《法学通论》《法律哲理》《中外条约述要》等，翻译有《罗斯福总统言论集》等作品。他常说："师道立，则善人多。"身体力行教学的真谛，用二十多年时间为全省法学教育奠定坚实基础，使山西大学法学教育在全国占有重要地位。

同时，他对山西教育贡献良多，在担任教育厅长期间，对教育系统进行改革，制定颁布了一系列措施，使山西教育在中原大战后得以迅速恢复。

治家严谨，教子有方，是冀家的优良传统。冀先生培养出两位优秀儿子。长子冀朝鼎是我国著名经济学家、社会活动家，民间外交工作的杰出领导人，在国际上享有很高的声誉。他还是难得的"三通"干部：英文通、美国通、国民党通。新中国成立后被委任为《毛泽东选集》英译委员会成员，参加审稿定稿工作。历任中国国际贸易促进会副主席、中国人民银行副董事长等职。五子冀朝铸为周恩来总理做了 17 年的翻译，被誉为"中国红墙第一翻译"，亲历了国内外一系列重大事件，后任驻英大使、联合国副秘书长等职，是我国著名外交家。

冀家大院短短几十年走出了两代风云人物，当地人称"汾阳三冀"。他们在司法、教育、经济、外交领域成就斐然，影响深远。山西在北宋以前处于兴盛时期，许多重大历史事件发生在三晋，蕴育出大批著名人物，对历史进程产生了重要影响，留下了众多文物古迹。南宋以后，随着经济重心的南移，逐渐衰落了。到了晚清民初，晋商的崛起给山西带来又一次辉煌，分布于各地的晋商大院便是明证。冀家大院也是晋商发展的产物，蕴育出汾阳三杰，在我国近现代史上留下浓浓的一笔。汾阳是以出产汾酒闻名的，但是很少有人知道汾阳三冀，一方面是历史原因造成的，另一方面也与宣传不到位有关系。

历史已经过去了，无须赘述。在国家大力发展文化旅游产业、讲好中国故事的今天，我们不能再错失良机，理应投入更多时间、更多精力、更多资金做好这篇文章，无愧于历史责任。

四

董必武与法治建设

在湖北红安县城闹市旁，有一片青砖黛瓦建筑，三栋砖瓦房和两个院落组成，错落有致，祥和宁静。临街房屋建得比较高大，原先是米行和酱菜铺，第二栋房是堂屋、卧室和灶房，最后一栋房为纪念馆，陈列着主人的生活用品及生平事迹。

建筑曾经的主人就是新中国的重要缔造者、法治建设的奠基人董必武先生。

135 年前，董公出生在这里。父亲为教书先生，他自幼受到良好的启蒙教育，17 岁考中秀才。青少年时期，目睹清政府的腐朽专制和西方列强的欺压掠夺，便立下救国救民的宏志。辛亥革命爆发后，毅然决然奔赴武昌投入战斗，从此走上反帝反封建的道路，把一生献给民族解放斗争和社会主义革命建设事业。

董公是中国共产党内受过系统法律教育的早期领导人。1914 年，留学日本法政大学，攻读法律专业，奠定了扎实基础。大革命时期，在湖北主持制定《惩治土豪劣绅暂行条例》，支持农民运动。土地革命战争时期，任中华苏维埃共和国临时最高法庭主席、最高法院院长。新中国成立后，长期担任政务院政治法律委员会主任、最高人民法院院长等职，为我国法治建设做出了开创性贡献。主持起草了《政务院关于加强人民司法工作的指示》，明确规定司法工作的性质、任务，成为新中国初期司法工作的指导性文件，主持制定《人民法院组织法》《人民检察院组织法》等重要法律，领导建立各项审判制度，总结审判经验，为实现公平正义不懈努力。同时，领导出版《中央政法公报》，组织成立政治法律学会，筹建中央和各大区政法学院，促进法律学科建设。

在长期的政法实践中，董必武形成自己的法治思想，集中体现在"依法办事"思想的提出，把马克思主义关于法治的经典论述与我国国情相结合，阐明依法办事的重要性。依法办事包括"有法可依"和"有法必依"两个方面。依法办事的前提是制定法律。他参与制定《共同纲领》和第一部《宪法》。他指出："建立新的政权，自然要创建新的法律、法令、规章和制度。"在 1954 年 9 月第一次全国人民代表大会上，他强调："立法工作已经相应落后于客观需要，今后如果要按照法制办事，就必须重搞立法工作。"制定了法律，还必须遵守法律。董公指出："凡属已有明文规定的，必须确切地执行，按照规定办事。"司法机关应该严格地遵守法律，在法律规定的范围内活动。有法不依会产生很大危害。董老在党的八大时提出"有法可依"和"有法必依"的法治主张，在当时难能可贵。改革开放后，邓小平将之发展为"有法可依、有法必依、执法必严、违法必究"十六字方针，江泽民在党的十五大上进一步提出"依法治国，建设社会主义法治国家"治国方略。

董老的法治思想具体表现在立法、司法、执法和守法等方面。在立法方面，主张兼收并蓄，除旧布新。他提出继承化和本土化必须紧密联系，社会主义法制建设，既需要对上个时代的法律条文吐故纳新，也需要对其他发达国家的法律条文学习和选择性吸收，两个方面相互补充，组建更加完善的法制社会。立法必须和国情相符，不能脱离实际，保持特色，在他国优秀立法的基础上，汲取先进经验。他强调立法工作应遵循四个基本原则：以人民民主专政为根本原则；从实际经验出发，针对性提出法律措施，注重立法的可行性及落地性；收集全国范围内的法律案例，让立法工作更加贴近实际情况；依据马克思主义法学思想，结合现有国情，实现马克思主义的全面中国化。新中国成立初期，董老领导的立法小组，通过总结实践，收集案例，对原有法律规定梳理，制定一批法律法规，对于保卫新生政权，调动广大人民群众积极性，促进经济建设，起到重要作用。

在司法方面，董老强调服务经济建设，重视程序。他以唯物主义法律观为指导，提出"法制工作要为经济建设服务"。1953 年，在主持召开第二届全国司法会议上，提出司法工作必须为经济建设服务的指导方针，1954 年 3

月，在《人民日报》发表《进一步加强经济建设时期的政法工作》一文，明确提出政法工作服务经济建设的方针，明确政法工作与经济建设的关系。当全国中心任务转变为经济建设后，不能忽视政法工作的重要性，不能存有可抓可不抓的思想，要拿出相应保障经济建设的措施。同时，他十分注重司法程序，指出："司法活动要具备一定形式，世界上任何实质的东西，没有不以一定的形式表现出来的，形式主义和形式是两回事。这里的形式，实质就是指程序，在处理案件中遵循一定的程序。"早在新中国成立初期，他就重视程序的作用，正确认识诉讼程序的重要性，与受过系统法律教育有很大关系。他要求将每一个司法程序都置于大众的眼光之下，让每一个法律步骤都置于人民的监督之下，利用司法程序来实现社会正义。在审判过程中，认真执行每一个程序规定，符合有法必依的工作要求，提高法律效率。司法建设必须以人民大众为中心，为民司法，才符合社会主义的要求。董老非常形象地指出：人民才是国家主人，是老板，政府和工作人员是员工，是雇员。必须转变以往政府官僚主义思想，将为人民服务的观念深入到每一个公务员中去，才能做到以人民为主体。他明确要求在公安局、法院和检察院设立接待室和沟通部门，时刻保持与人民沟通，这样才能保证以人民为主的司法建设。公、检、法机关来信来访接待室，就是在董老的倡导下设立的，大大满足了人民群众有冤能诉能访的需求。

在执法方面，董老要求有犯必施、唯行不返。唐朝诗人王勃在《上刘右相书》中云："法立，有犯而必施；令出，唯行而不反。"法律一经制定，凡有违犯者必须惩治；政令一经发布，坚决执行，决不能违反。如果法律不能得到严格执行，就会形成破窗效应，损害法律尊严，破坏法律根基。董老指出："我国人民民主专政的一个重要任务，就是要使人民从不信法、不守法，变成信法、守法。"公务员是执法主体，政府和执法人员要模范执行法律，起到带头作用。如果制定法律和执行法律的人都不能做到遵纪守法，那么哪里还会有人尊重法律？要让人民群众来监督政府中那些违法乱纪和尸位素餐的人，这样才能减少干部违法乱纪现象。

在守法方面，董老强调有法必依，违法必究。董老从社会主体论述守法的重要性。他指出：奴隶社会的主体是奴隶主，封建社会的主体是地主，资本主义社会的主体是资本家，社会主义社会的主体是人民大众。我们制定的法律体现了广大人民群众的意志，人民群众对法律应该有认同感和归属感，内心有遵守法律的需求。因此，人民群众应该主动遵守法律、履行法律。国家机关工作人员更应该起模范带头作用。他指出："有的人自命特殊，以为法制是管老百姓的，而自己可以超越于法制之外。对于这些恶劣现象，我们必须进行坚决的不懈斗争。"他强调各级党委和党的监察委员会认真监督党员守法情况，对于那些故意违反法律的人，不管他现在地位多高，过去功劳多大，司法机关必须一律追究法律责任。董老上述法律论述，对于今天仍然具有非常重要意义。

站在董必武纪念馆前，看着改革开放后修建的纪念馆和按原样重建的故居，心中充满无限敬意。董老为了革命舍弃一切。1921年，他作为湖北省代表参加党的一大，成为中国共产党的创始人之一。在大革命时期，他就担任国民党中央候补委员、湖北省党部执行主任等要职。大革命失败后，他没有贪恋官位和财富，毅然与国民党决裂，投入到革命阵营。董公与宋庆龄、邓演达、毛泽东等22人联名发表《中央委员宣言》，痛斥蒋、汪背叛革命，号召坚决斗争。国民党当局悬赏大洋抓他，抓不住，就拆毁他家十多口人居住的房屋，使家人流落街头。1934年，即使年过半百，他仍以超凡的勇气和毅力参加长征，率领包括数十名红军战士在内的伤病员，历经千难万险，到达延安。在抗日战争期间，协助周恩来从事统战工作，利用国民参政会，团结了大量爱国进步人士，争取人民民主权利。抗战胜利后，他作为中国代表团代表赴美出席联合国制宪会议，为国家争取权益。新中国成立后，作为党内主管政法工作的领导人，为法治建设做了大量工作，倾注全部心血。1975年董老因病逝世，享年90岁，留有《董必武选集》《董必武诗选》等著作。毛泽东在延安时就把他和何叔衡、林伯渠、徐特立、谢觉哉尊称为"五老"，加以敬重。叶剑英在董老追悼会上评价："董必武同志真正做到了一辈子做好事，不愧为无限忠诚于党和人民的无产阶级革命家。"

随着国家法治建设的深入，对董老的法学思想研究逐渐重视起来。2001年，中国法学会成立了董必武法学思想研究会，原全国政协副主席、最高人民法院院长任建新担任首任会长，组织广大法学和法律工作者研究探讨董老法学思想，定期召开研讨会，出版《董必武法学文集》《董必武诗词选》等，拍摄电视连续剧《董必武》等。

我想这是对董老的最好纪念！

彭真的法治情怀

    身为法律人，久有看看彭真故居的念头。由于种种原因，一直未能成行。

    庚子初秋，这个想法终于实现了。从侯马市区驱车不到半个小时，一大片银灰色建筑便映入眼帘。宽阔的广场上矗立着汉白玉的牌楼，正面书写着"彭真故居"，背面为"实事求是"。正对着牌楼的是彭真生平业绩陈列馆。馆内中央端放着一尊彭真半身铜像，高大庄严，神情肃穆。展厅四周陈列着其生平介绍和主要事迹。后面两个展厅分别是从事民主法治建设和廉政建设内容。在最后一个展厅里才找到彭真故居。原来的故居早已毁灭，现在是仿制品，两孔窑洞和简陋农具以及空旷的田野。20 世纪初，彭真就生活在这原始简陋的农村，靠自己坚持不懈的努力奋斗，创造出许多传奇故事。

    1979 年 7 月，五届全国人民代表大会（以下简称：人大）二次会议审议通过《宪法修正案》，决定县级以上地方人大设立常委会、各级革委会改为人民政府、上级检察院同下级检察院的关系由监督改为领导等。同时，审议通过《刑法》《中华人民共和国刑事诉讼法》《中华人民共和国中外合资经营企业法》《中华人民共和国全国人民代表大会和地方各级人民代表大会选举法》《中华人民共和国全国人民代表大会组织法》《中华人民共和国人民法院组织法》《中华人民共和国人民检察院组织法》七部法律。尤其是刑法、刑事诉讼法，专业性强、技术含量高、内容繁多。一次会议通过这么多法律，在新中国成立以来的立法史上还是第一次。国内外都惊叹全国人大高效的立法速度！事后才知晓法制委员会在 77 岁高龄的彭真主任带领下，仅仅用了三个多月的时间，起草《宪法修正案》和七部法律草案。这些法律的出台，标志着新时期社会主义法制迈出了关键一步。邓小平评价说："全国人民都看到了严格实行社会主义法制的希望。这不是一件小事啊。"彭真在回忆当时立法时说："三个月七部法律，你以为就那么容易啊。有关刑法、刑事诉讼法和国家政权组织法的一些重大问题，我在监狱中就开始考虑了。"

彭真并非科班出身，没有系统学习过法律，却真正懂法，精通法律，深知法律的真谛。他的法律功底主要来源于两个方面：一是在国民党监狱为了斗争需要，学习过基本法律知识；二是新中国成立后，长期主抓政法和立法工作，为了工作需要，不断学习研究法律。

彭真于1929年6月被捕入狱，1935年6月刑满出狱。在漫长的6年时间里，他没有消沉，没有悲观失望，一方面组织同志们积极开展绝食斗争，要求改善生活条件，揭露监狱黑暗和迫害，取得胜利。另一方面把监狱变成共产主义大学，学习法律知识，维护政治犯的合法权益。他先后学习《中华民国刑法》《反革命罪暂行条例》等，认真研究内容，帮助文化程度低的政治犯写申辩书。在法庭上，揭露敌人滥用肉刑、监狱条件恶劣等真相，争取记者和社会名流的声援。经过不懈斗争，终于有11人以轻微罪被判处11月监禁。在随后转入河北二监的4年多时间里，他制定学习计划，利用监狱对国外著作控制不严的机会，学习《共产党宣言》《哥达纲领批判》《国家与革命》等马列经典著作。同时，深入研究了中华民国《六法全书》，系统学习国民党法律，对宪法、刑法、民法、行政法、诉讼法有深刻认识和理解，为后来从事政法和立法工作奠定了扎实基础。

30多年后，彭真在文革中又坐了9年多牢。秦城监狱一开始不允许读书，放松限制后，他如饥似渴地学习起来，重新系统阅读《马克思恩格斯选集》《列宁选集》《毛泽东选集》以及一些经典著作。狱方担心他们自杀，不让用笔，也不给纸张，他就把牙粉袋、画报纸撕成小纸条、小方块，用省下来的米饭、馒头嚼烂后贴在重要处，作为研讨重点。就是用这样的简陋方式，竟读了34本马列著作。9年多的牢狱生活不仅没有磨灭他的意志，反而激发起浓厚的学习兴趣，边读书边研究，联系文革的残酷现实，深入思考党和国家的前途命运。

正是这样努力学习、不懈钻研的精神，奠定了深厚的理论功底和扎实的法律底蕴。他出狱后，十分娴熟地从事立法工作，取得世人瞩目的成果。在起草制定七部法律的基础上，1982 年主持制定了我国第四部《宪法》，其中确定的基本原则、基本制度以及基本内容，现在仍然继续实行。他还主持确立了民法典的制定思路和步骤，明确提出两条腿走路的方针，民法典和单行法律同时并进，哪个成熟，就先制定哪个。全国人大按照这个思路进行民事立法，合同法等，先后出台了三个单行法，90 年代后期才汇集成一部统一的合同法。《中华人民共和国婚姻法》《中华人民共和国继承法》《中华人民共和国收养法》在 80 年代先后制定出台。21 世纪前十年又制定出台了物权法、侵权责任法和涉外民事法律关系适用法，为民法典的最终出台奠定了坚实的基础。

彭真还非常重视行政法制建设，开了行政诉讼立法的先例。早在 1983 年审议《海上交通安全法（修订草案）》时，他就主张当事人如果不服行政处罚，可以向法院提起诉讼。当时交通部的同志不同意作出这样的规定。面对阻力，他一方面让工作人员找出宪法依据，一方面参考借鉴美国、日本等国的立法经验，力主规定"港监部门作出行政处罚，当事人如果不服，可以向法院提起诉讼"。他说："一个船长、大副熬上十五年、二十年才能干上这个职务，吊销人家执照等于砸人家饭碗，还不许人家上法院讨个公道？"这样的规定可以说是我国行政诉讼立法的源头，比 1989 年制定的《行政诉讼法》早了整整 6 年。

纵观历史，彭真对我国法治建设的贡献还体现在明确提出"两个平等"，即法律面前人人平等和真理面前人人平等。早在 1954 年一届全国人大一次会议上，彭真作了《公民在法律面前人人平等》发言。他说："我们的国家是工人阶级领导的人民民主国家，我们全体公民在法律面前可能平等，也必须平等。人人遵守法律，人人在法律上平等，应当是，也必须是全体人民、全体国家工作人员和国家机关实际行动的指针。在我们这里，不允许言行不符，不允许有任何超于法律之外的特权分子。"关于"真理面前人人平等"，彭真在 1965 年 9 月文化部召开全国文化厅局长会议上提出，他说："坚持真理，随时修正错误。党内也好，人民内部也好，不论你是党和国家的领导人，还是文艺工作者、普通老百姓，在真理面前人人平等，这个地方只能服从真理。"这"两个平等"，是非常重要的理念，构成了民主法治建设的重要内容。因为没有真理面前人人平等，就没有科学意义上的法治；没有法律面前人人平等，也就没有真正意义上的法治。他的思想和理念在社会实践生活中逐步被广大人民群众所接受，成为追求的理想和信念。

他的老母亲、大弟弟和侄儿在文革中被批斗致死，心里留下永远的痛。乡亲们觉得有愧于他。他平反后，主动回到家乡，鼓励乡亲们把过去的恩恩怨怨扔到浍河里，埋到地里去，团结一致向前看，把家乡建设成社会主义物质文明和精神文明的模范村、模范乡、模范市。乡亲们深受感动。他的这种高风亮节和博大胸怀，永远感染着、激励着后人。

彭真逝世后，党和国家评价他是社会主义法制的主要奠基人。应该说是当之无愧的。他用自己一生跌宕起伏的经历、丰硕的立法成果和沉甸甸的政法业绩，尤其是博大胸怀，在共和国史上树立起一座社会主义法制丰碑。

献身法治事业的一门三贤

　　山西省灵石县位于晋中盆地南端，素有"秦晋要道，川陕通衢"之称。史书记载，隋文帝"巡幸开道，得瑞石，遂于谷口置县，因名灵石"。

　　灵石，虽县不大，人不多，但出了两个著名人物，一个叫张友渔，一个叫张彝鼎。两人本是同胞兄弟，张友渔原名张象鼎，后来参加革命，改名张友渔。兄弟二人虽分处海峡两岸，但都是法学大家，张友渔的夫人韩幽桐也是法学家。到底是怎么回事，容我慢慢道来。

　　众所周知，张友渔是我国著名的政治学家、新闻学家和法学家。他一生涉猎广泛，横跨新闻、政治、法律三界，对历史、经济亦有涉猎。从早年的报界闻人，积极撰写稿件，抨击旧的秩序，到职业革命家，追随周恩来、刘少奇、董必武等人，从事统战工作，亲身经历许多重大事件，做出很大成绩。同时，对法治建设贡献颇多。北京大学法学教授周旺生评价："董必武是新中国开国之初立法观念的立言人，而张友渔则是自 20 世纪 70 年代开始的新时期最初十余年立法观念的集中代表。"

　　张先生与法律结缘是在 1923 年。从山西省立第一师范学校毕业后，放弃留校待遇，考取国立法政大学，接受系统的法学教育。上学期间为了生计，经常向报纸撰写稿件，在北平小有名气，毕业后担任记者，从事新闻宣传，以手中的笔为武器，同北洋军阀和国民党政府斗争。20 年代末 30 年代初，为躲避国民党政府的追捕，携恋人韩桂琴（后改名韩幽桐）东渡扶桑，他进入日本大学社会学系，攻读新闻学研究生，韩桂琴则进入早稻田大学法学部，研究国际法和外交史。1933 年 5 月两人归国后，在北平结为伉俪，志同道合，从此并肩战斗到终生。张先生任《世界日报》总主笔，同时在北平大学、中法大学、燕京大学兼任教授。抗战后期，陪都重庆各党派人士举办宪政促进会，是同国民党斗争的一支重要力量。受周恩来指派，张友渔积极参加活动，撰写了大量民主宪政的文章，成为我党在法学理论方面的骨干，出版《中国宪政论》《民主与宪政》等书，产生很大影响。抗战胜利后，国共两党在重庆谈判，双方展开激烈论争。中央急调张友渔这位宪政专家到渝，担任中共代表团顾问，协助谈判。张先生为促成《双十协定》的签订，提出许多建设性意见。随后，在围绕国民党炮制的《五五宪草》的斗争中，他认真研究，发表文章，逐条批驳，发挥了重要作用。

新中国成立后，张友渔担任北京市副市长多年，参加了第一部宪法的起草，提出建立人民陪审、集体调解、巡回审判、律师等制度。1958年，年近六旬的他受命到中国科学院筹建法学研究所，并担任第一任所长。从1958年到1978年，任职长达二十年。前十年做了大量基础工作，后十年由于受文化大革命冲击，工作基本处于停滞状态。他对法学研究所的贡献主要体现在人才引进培养和图书资料收集整理方面。张老对人才引进坚持宁缺毋滥，进所的每一个人都要亲自谈话，详细了解情况，根据个人特长安排工作。研究人员进所后，先在图书资料室工作一段时间，整理图书，熟悉文献。当时法律图书普遍缺乏，他非常重视图书收集整理，听到高校和政府机关处理政法书刊，马上派人收罗。他还从最高人民法院复印了大量的根据地法制资料，编成《中国新民主主义革命时期根据地法制文献选编》等书出版发行。

十一届三中全会后，党中央加强法治建设，张老担任全国人民代表大会宪法和法律委员会副主任委员、宪法起草委员会副秘书长，协助彭真修订宪法和立法。他积极推动法学研究和法治建设，先后出版《关于社会主义法制的若干问题》《学习新宪法》《关于政治经济体制改革的若干问题》，主编《中国大百科全书·法学卷》。1985年9月，耄耋之年仍参加香港特别行政区基本法的起草工作，为我国法治体系建设倾注全部心血。

作为社会主义法学家，张友渔以马列主义、毛泽东思想为指导，坚持四项基本原则，坚持从实际出发，观察问题、思考问题、解决问题，其法学思想集中体现在宪法和立法方面。他认为宪法学研究必须从实际出发，理论联系实际，贯彻"双百"方针。在权利和义务方面，主张没有无权利的义务，也没有无义务的权利，权利和义务是紧密相连的。这是社会主义国家宪法在处理权利和义务问题上的出发点。权利和义务也是具体的，不是抽象的。权利和义务也不是绝对的、无限制的。在立法方面，他主张立法工作要从中国实际出发，实事求是。立什么法、立什么样的法，都要考虑和针对中国实际情况，从实际需要研究和决定问题。制定法律，不成熟的、行不通的，不能规定进法律中去。他不赞成立法工作中超现实的空想主义，对于一定时期内预见到的问题，可以考虑在法律中加以规定，特别是在改革开放时期，立法要有预见性。他强调，立法工作必须吸收人类创造的有益遗产，反对历史虚无主义。法的继承应有选择、有批判地借鉴和吸收，具有阶级性的东西是不可以继承。对于法的实施，张老认为是加强社会主义法制建设的重要环节，必须加强党对司法工作的领导，这种领导不是包办代替，而是方针政策的领导，是监督和配备干部。他反复强调，社会主义民主和法制是统一的，不可或缺，不可偏废，都是为巩固社会主义基础、推进社会主义发展服务的。

张先生留给后人的不仅仅是500多万字著作中包含丰富的思想和智慧，而且还有他十分鲜明的治学经验和为人风范。求实、创新、严谨、宽容是他治学和为人的座右铭。他说："我发表言论、写东西，都是讲自己的话，不抄袭、不盲从，反对教条主义，也不迎合时尚。"他主编《政法研究》时说过，整段整段地照抄马列主义经典著作不给稿费。在个人崇拜、迷信盛行的年代，能这样说、这样做，非常难能可贵。

张友渔的夫人韩幽桐也是一位法学家。早在1932年就毕业于北平大学法商学院，次年考入东京帝国大学法学部，攻读研究生，获博士学位。1937年回国任西北联合大学法学教授。抗战胜利后到东北工作，先后担任松江省教育厅长、东北教育委员会委员等职。新中国成立后，到京任教育部中等教育司副司长。1952年到最高人民法院工作，先后担任华北分院副院长、民事庭副庭长。1958年冬，到刚成立不久的宁夏回族自治区工作，任党委委员、监委委员、高级法院院长。在宁夏工作了五年，为当地法制建设做出贡献。1963年，回京担任中国科学院法学研究所副所长，专门从事法学研究。改革开放后，担任全国政协法制组组长、全国人大法制委员会委员、中国法学会理事等，为国家法制建设建言献策。著有《平时国际法》《宪法论》《走向民主》等书。她提倡妇女解放，在婚姻法学方面做了大量研究。

张老的弟弟张彝鼎，也是著名法学家。早年毕业于清华大学，后赴美留学，专攻法政，获美国哥伦比亚大学哲学博士。归国后，追随蒋介石，长期担任侍从室秘书。1949年赴台，历任国防部政治部主任、常务次长、总统府战略顾问。退休后，到台湾政治大学从事法学研究，任法律系教授、研究所所长、代理法学院院长等职。著有《战时法律概要》《行政学概论》《中外人权思想之比较》等著作。晚年主编《龙旗》，宣传一个中国，坚决反对台独，力主国家统一。

张友渔一门三人均从事过法学研究，而且成就斐然。尤其兄弟二人，虽政见不同，分处海峡两岸，但都是真正的读书人，是正直的知识分子，法学著作颇丰，法治信念坚定，属泰斗级人物。

张氏兄弟两人的事迹，被法学界传为佳话，值得后人吟颂。

梁慧星的民法情怀

　　孟冬时节，北方已是寒气逼人、雪花飘飞，而南国仍然烈日炎炎，花草盛开。在美食之都的偌大政府讲堂里，只见一位温文尔雅的学者正在讲授民法典合同编，对新增加的条文从具体内涵、立法变迁、制度渊源以及适用范围等方面详细解读。他对卷帙浩繁的民法条文的精准把握，对博大精深的民法学原理的精彩阐释，引得大家啧啧称赞。这位学者便是我国著名民法学家、社科院学部委员梁慧星教授。

　　20世纪90年代中期，最高人民法院公报编辑部在张家界召开年会，我作为特约通讯员参会。编辑部安排布置工作后，邀请梁老师给参会的同志们讲课。我清楚地记得讲的是民法解释学，从解释的概念、特征到种类、作用，讲得头头是道，津津有味。我是第一次听梁老师的课，更是第一次接触民法解释学，对民法学的认识开阔了眼界，加深了认识。

　　2019年初冬，我有幸又一次聆听梁教授的课。当时梁老师给广东的法官和律师解读《民法总则》。他眼睛不太好，索性不带讲稿，凭着惊人的记忆力，足足讲了两个半小时。《民法总则》二百多条，内容也多。大多数专家学者采取讲解颁布的过程、重要性、立法精神和基本原则以及主要内容等。他另辟蹊径，开门见山直接讲重点条文的理解与适用，讲条文所蕴含的立法精神，讲条文之间适用关系。他讲课条理清晰，逻辑性强，干脆利索，几乎没有重复的话语，就连条文都记得非常准确。法官和律师们普遍反映：梁老师的课干货满满，听了非常受用。梁老师也喜欢给法官和律师们讲课。因为他们处于办案第一线，有许多疑难问题需要解答。梁教授的课正好从理论和立法层面解读。可以说，梁老师给法官和律师们的讲课，就是非常生动的理论联系实际，非常实用的疑难解答课。

作为改革开放后第一代民法学者，梁慧星系统地研究大陆法系和英美法系国家的民法理论。他于 20 世纪 70 年代末考上社科院法学研究所研究生，师从法学泰斗王家福，潜心钻研，孜孜不倦。从此，把一生献给了民法学研究事业。在研习消化两大法系国家民法研究成果的基础上，结合国情，先后出版了《民法总论》《物权法》《合同法》《民法解释学》等学术研究成果，从而确立了他在国内民法学界的地位。尤其他主持的《中国民法典草案建议稿》及《附理由》共八卷九册，是历时 20 年完成的重要学术成果，煌煌400 多万字，近 4600 页，倾注了他的全部心血和智慧。专家建议稿涵盖了民法总则、物权、合同、侵权责任、婚姻家庭、继承等全部民法领域，具有非常高的学术品质，为我国民法典的编纂奠定了扎实的理论基础。专家建议稿及附理由的课题完成，标志着梁教授的民法研究水平达到巅峰，奠定了他在国内民法学界的领军地位。

如果说《中国民法典草案专家建议稿附理由》标志着梁老师的民法学领军地位，那么，对《物权法》制定出台的坚守，鲜明地体现出他的民法情怀。2006 年，《物权法》的制定出台经历了激烈论争。这部法将公民的私有财产保护提到和公有财产平等保护的地位，从根本上动摇了计划经济时代关于个人私有财产的制度。梁教授是物权法起草组核心成员，他撰写文章，从理论和实践两方面阐述理由，代表民法学界发出了最具学术水平和政治智慧的声音，赢得大多数人的称赞。2007 年后，全国人民代表大会终于颁布了我国第一部《物权法》。

2019 年年底，全国人大常委会法制工作委员会公布《民法典（征求意见稿）》后，把人格权列为单独一编。在立法机关对民法典结构定局的情形下，梁老师依然公开阐述自己的观点和理由，这需要多么大的勇气啊！梁老师说："作为一个学者，我觉得应坚持学者的独立性，坚持学术立场。真正的学术立场，应该符合国家、民族和人民的利益。"是啊，真正的学者应该有自己独立的学术立场，只要认为自己有道理，哪怕是少数，也要坚持。这就是学术与政治的区别。梁教授不仅为法律学术工作者树立了榜样，也为其他社会科学工作者确立了标杆。

梁老师还是一位真正的师者，传道功名无计。大多数学者在功成名就后，就会颐养天年，含饴弄孙。他却继续教书育人。先在山东大学法学院讲课，后来又到北京理工大学珠海学院授课。尤其是后者，属于民办大学，没有什么名气，他却放下名人架子，不远千里，屈尊到民商法律学院，担任教授，亲自为本科生讲解最基础的法学问题。七十大几的年龄，仍然坚守在教学第一线。他视力不好，全凭积累的功底讲授法律原理和条文理解适用，是"当代的荷马"。

他为学生们讲授法学论文的写作方法，成为学子论文写作的"圭臬"。

他讲课贯通学术与实务，对案例分析搭建出诸多法条之间的逻辑体系，赢得"法条分析大师"的美名。

他写的文章被业内学者称为"拧不出水分"。

他还把个人专著、演讲论文、教材书籍的著作使用权无偿转让给很多网站，在网上免费下载，方便广大读者阅读使用。

他卖掉北京的房子，出资两百多万元在家乡建立不以自己名字命名的图书馆。

他还在家乡设立奖学金，长期资助贫困学生，让更多的孩子圆梦。

四海五洲桃李艳，身居陋室乐忘忧。梁老师把自己的一生献给了心爱的民法学事业，无论是在京都高高的法律殿堂，还是在齐鲁文化之邦，抑或是在岭南经济繁盛的大学课堂，他都兢兢业业，一丝不苟，充分体现了学者的虚怀若谷风范，更展现出一代大师的学术情怀。

衷心祝愿梁老师健康长寿！

祈盼梁老师为我国培养更多的法律菁英！

和李玉臻相处的日子

去年隆冬的一个下午，下班路上，一个拄着拐棍、戴着绒线帽子的老人步履蹒跚朝我走来。我感觉有点面熟，便下意识地打量对方，令我吃惊的竟是李老院长。我们聊了几句就分开了。几个月不见，变成这样，与我心目中高大威严的形象差距也太远。时间真的是无情了，一切人和事都会变得逐渐遥远，逐渐淡忘。我想必须抓紧写点什么，要不然以后真的淹没在历史长河里，对不起那些亲身经历的往事。

我和李玉臻相识于20世纪80年代中期。当时，我刚大学毕业，分配到省法院。1986年冬天，单位抽调我到山西省省委政法委帮助筹备全省综合治理会。李玉臻时任副书记，负责组织筹备工作。那时政法委三个处不到二十个人，每星期二下午一起集体学习，一来二去就认识了。李书记时常让我誊写文稿，起草信息，修改下面单位报送的一些经验材料。李玉臻给我的印象刻板严谨，不苟言笑，不容易接触。

1988年夏天，李玉臻到山西省省法院担任常务副院长。我回到单位在研究室搞文字材料。由于工作关系，经常打交道，李院长带着我一块到基层调研。我在副驾驶上坐，他在后面坐。一路上，他时而嘴里念念有词，时而翻阅词典，与其交谈有一句没一句的，他完全沉浸在自我世界里。公干之余，当地安排参观名胜古迹，这时李院长非常兴奋，像个青年人走起路来虎虎有生气，打听名人逸事，观察古迹特别认真仔细，生怕漏掉什么似的。随手带个小本子，想起什么马上记下来。边走边构思，晚上在房间里奋笔疾书，过不了几天报刊上就能见到他的成果。记得有一年，山西省里筹办全国青少年犯罪研究会年会，需要报送一篇参会论文。他把我叫到办公室，告诉框架结构、主要内容。我加班加点查阅资料，苦思冥想，广征博引，洋洋洒洒写了一万多字。送给他后不到一天，就修改定稿，砍掉大半，只剩下五千多字，都是干货，非常精练。文章的层次提高一大截。

1993 年初，他担任山西省法院院长后，工作更忙了，更加勤奋了。1994年元月份，是他第一次向山西省人大代表报告工作。为了保证报告质量，我们提前两个多月到各地市法院调研，掌握最新数据和情况，把好的经验做法反映出来。初稿形成后，征求下级法院和本院各部门意见和建议，先后六易其稿，力求做到精益求精。记得开会前一天，会议秘书处打电话催要稿子，我找他正式定稿，他说不着急，你下午带上稿子到我家里来。到家后，我们两个人对稿子一句话一句话地扣，遇到有疑问的数字，就打电话核实；遇到语焉不详的词语就查字典，确实弄懂意思，力求内容真实可靠，语言准确简要。不知不觉天黑了，我们还在修改稿子。正是这样精雕细琢，才赢得人大代表十多次的掌声，高票通过报告。

山西省省法院 90 年代中期仍然蜷缩在钟楼街四层办公楼里。那是明朝中叶设立按察司的地方，历史上著名的苏三冤狱平反案、刘胡兰被害案都曾留下印迹，已有五百多年的历史。随着法治进程的加快，法院的人员大量增加，原来的办公地方严重不适应审判需要。历史把迁址修楼的任务落在这代法院人身上。李院长一边抓审判执行，一边抓基本建设，报立项目、筹措资金、协调关系，忙得头发变白了，人也瘦了一圈。特别是图纸设计，为了体现人民法院的形象和理念，达到五十年不落后的目标，带领我们到上海、广东、云南等地法院学习取经，数易其稿，终于设计出理想图纸。经过三年的栉风沐雨，1997 年底崭新的办公楼和审判法庭终于矗立于汾河畔。李院长诗兴大发，特赋诗一首《七律·新院落成》："艰辛何足道三年，崛起如同在瞬间。郊野遥青秋色好，高楼洁白剑光寒。双悬天镜清如水，两臂民情重似山。仰望国徽誓宏愿，鞠躬法治献忠肝。"[1]

二十世纪最后一个秋天，李院长和我到新疆出差。那时交通不便，能去西北边疆实属不易。行前他做足功课，查阅大量资料，对当地情况了然于胸。当大家浏览天池、八路军办事处、香妃墓、清真寺和将军府等景点时，他已在构思布局，念念有词了。晚上大家都睡觉，他还在挑灯夜战爬格子。

---

〔1〕 寓真：《秋粟集》，北岳文艺出版社 1997 年版，第 2 页。

新疆与内地有两个时差,晚上十点多才黑,早晨五点就亮了。他又有熬夜的习惯,每天只睡三四个小时。白天还正常参加活动,大家都佩服他的旺盛精力。果然回来不久,报刊上见到他的大作。宋代文学家欧阳修云:"平生所作文章,多在三上,乃马上、枕上、厕上也。盖惟此尤可以属思尔。"清代诗人赵翼曰:"杜诗万里行,欧诗三上成。"学习和写作常常是随时随地的,在这"三上"突发奇想,来了灵感,及时记下来,就是好诗文。李院长便是这样的人,每逢出差总要在车里放一两本书和小笔记本,看见有意思的题材,就琢磨构思,及时记下来。在床头摆上几本书,在厕所也放上几本书,以便随时阅读。我想他能在繁忙工作之余,写了一千多首诗词,与这个习惯有很大关系。

李玉臻少年时便爱好诗词,中学时熟读古诗,能把《离骚》背得滚瓜烂熟,开始发表作品。大学虽然学的法律,然而很大精力用在诗词上,因此打下了深厚的文学功底。毕业后分配到海南昌江工作,八年时间远在天涯海角,天气炎热不说,言语交流困难,生活在他乡异常艰辛,身体也染上疾病。唯有诗书作伴,寄托一片赤诚和豪情。"富贵温柔何足念,披坚执锐志常多。"应是他当时心情的生动写照。

回到晋东南工作后,业余时光继续以诗词抒发情怀,成为他的生活方式。80年代,工作步入快车道,他先后担任晋东南地区中级人民法院院长、地区政法委书记、省委政法委副书记。90年代,到了收获的季节,先后出版了《草缕集》《漂萍集》《霜木集》《秋粟集》四册诗集和《远行集》《观瀑集》两册散文集。他出书后送了我几本。我认真细致地拜读几遍,揣摩内涵和深意。他的诗词构思新颖,结构严谨,严守韵律,情真意切,读起来朗朗上口,给人以美的享受。当代文学家屠岸赞其诗歌"寓工于真"。最有感觉,能引起共鸣的是在海南写的几十首诗词。如:"我住茅庐对苍岫,相看不厌两悠悠。荒月蛮风消永夜,闲云野鹤忘春秋。"又如:"一天风雨砺坚志,满海波涛添壮情"。"欲对衰风呼正气,莫教浊秽染明霞。"[1]这些诗句给人一种无私、奉献、英雄般的激越和豪迈的美。古人云:诗必穷而后工。人只有在穷困潦倒、郁郁不得志时,才能体味人生的真谛,才能迸发出灼人的火

---

〔1〕 寓真:《漂萍集》,北岳文艺出版社1993年版,第9页。

焰、超人的灵感，才能写就不朽的诗篇。韩愈、柳宗元、苏东坡、辛弃疾等大家莫不如此。海南八年生活对他也是人生磨练，练就了强大的内心、坚强的意志和洞察世事的能力。

2007年退休后，他进入第二个创作高峰期，制订写作计划，每天在电脑上码字，寒往暑来，笔耕不辍。十年时间先后出版了《聂绀弩刑事档案》《张伯驹身世钩沉》和《读印随笔》等七本书。其中纪实文学《聂绀弩刑事档案》以严谨的文风和翔实的史料在国内文史界引起轰动，受到广泛赞誉。

2022年一起吃饭聊天时，他说眼睛看不清，现在不看电视，不看书报，只听听大家说一说新闻。我们都劝他多休息休息，以身体为要紧。他也说封笔了，不再写了。然而，过了一段时间，又有作品问世。对他来说，写作就是他的生命。生命不息，写作不止。

一个人写几首诗词并不难，难的是一辈子都在笔耕不辍。李白、杜甫、陆游等圣贤皆如此。李玉臻从中学开始写作，一直进取，无论身处逆境还是顺境，无论繁忙工作还是闲暇时间，坚持不懈。时间跨度达到半个多世纪，才有千首之多诗词、上百篇散文、随笔以及纪实文学作品。现在快八十岁的人还在坚守，为了自己心中的梦想。正如他的诗云："庾信平生最萧瑟，暮年诗赋动江关。"

随着时光的流逝，李玉臻的价值更显珍贵了。通过他的笔，为我们记录了一段历史，记录了他们这代人的心路历程，更展现出这代人的风骨和情怀。

我所认识的聂海舟

周末，城南一爿简陋而温馨的小饭馆里，和几位政法界退休的友人聚会。饭菜简单粗糙，但大家谈兴甚浓。只见一位个子不高、身材清瘦的长者抿了小口酒，兴致勃勃地讲述与法院的三次机缘。第一次是文革结束后不久，从公社中学调到县法院，从书记员做起，后担任副院长；第二次是20世纪90年代末，省里推荐他担任省法院常务副院长，与法院擦肩而过，到省公安厅担任厅长；第三次是21世纪初，省里民主投票，推荐副省级干部，他得票最多，推荐他担任省法院院长，由于种种原因，未能成行。他说非常热爱审判事业，对法院很有感情。七十大几的年龄，记忆力仍然惊人，对过去的事许多细节记得清清楚楚，讲起来生动有趣，引得大伙会心微笑。这位长者便是山西省公安厅原厅长聂海舟。

与老聂相识已有三十多年了。记得20世纪80年代后期，我陪同领导到晋中调研，时任地区检察长的老聂汇报当地的情况，不拿稿子，一口气讲了两个多小时，条理清晰，数据和事例随口而出。我们都惊讶于地区一级检察长还有这样人才。当时各地政法领导普遍年龄较大，汇报工作基本是照本宣科，离不开稿子。聂检给人耳目一新的感觉。会后一问才知道，他是北大法律系毕业，和我是校友，于是，交流联系就多起来。

过了几年，他调任山西省委政法委副书记。由于工作关系，时常在一起开会。老聂总结归纳能力很强，把大家发言的内容有条不紊地梳理一遍，然后结合实际讲几条贯彻意见，很有针对性。会议时间短，内容具体，从不拖延，我们都喜欢参加老聂召集的会。记得有一次会上，我和政法委一位处长争论几句，聂书记马上制止，要求尊重政法部门同志的意见。让我非常感动，记忆深刻。老聂思路清晰，记忆力强，口才又好，汇报工作重点突出，简明扼要，引起领导关注。有一次，山西省委主要领导把他叫到办公室，要求以后有什么情况可以直接汇报。老聂说：领导叫我，我可以直接汇报，但我不能越级主动向领导汇报。

老聂曾和人谈起，自己时常纳闷，从未找过领导，事前也未得到一点信息，怎么突然调到省里？事后听组织部门的同志讲，才知道省里主要领导听了他的汇报，非常赏识他，政法委正好缺个副职，定了三个选拔条件：一是名校法律系毕业；二是公检法都干过，并且带"长"的；三是五十岁以下，年富力强。这简直是为老聂量身打造的，全省政法系统很难找出第二个。

90年代末，他担任山西省公安厅长，负责维护全省社会治安，肩上的担子更重了，工作更忙了。那时，全省只有太旧一条高速公路，其它地市还是普通公路，交通不便。聂厅长的时间不是在各地市，就是在通往各地市的路上，很少能在厅里找到他，更别说在家里了。刚到任不久，就赶上机构改革。老聂顶住压力，按规定办事，任人唯贤，把一批德才兼备、年富力强的干部选到中层岗位。后来省人大评议他时，调查组写的评语是："聂海舟以人格魅力赢得广大干警的信任和尊敬。"

80年代末，太原出现一个叫"三马虎"犯罪组织，通过绑架恐吓、杀人伤害、敲诈勒索、赌博贩毒等手段聚集大量钱财，然后贿赂、腐蚀官员，寻找保护伞。经过十多年发展，逐步形成称霸一方的黑社会犯罪集团。21世纪初在全国开展的扫黑除恶专项斗争中，公安部把"三马虎"犯罪组织列为山西头号涉黑案件，要求限期侦破。在办案中，老聂遇到很大阻力和干扰，"三马虎"及其成员气焰非常嚣张，扬言报复老聂和办案干警。老聂在公安部领导的支持下，顶住压力，及时调整破案人员，加快进度，同时采取周密的防范措施，保护办案干警及其家属的人身安全，终于将"三马虎"及其成员捉拿归案。老聂不满58岁就从公安厅厅长位置退了下来，到山西省人大搞地方立法。事后回忆这段工作，他用"无怨无悔"四个字概括，没有做违背良心的事，没有做对不起党和国家的事。

脱去警服，他并不闲着，被推举为山西北大校友会会长。当时我是校友会副秘书长，负责联络政法系统校友，因此和老聂接触较多。他经常召集大伙开会，商讨办会事宜，组织各项活动，把校友会搞得有声有色，多次受到北大校友总会的表扬。他在母校 104 周年校庆大会上，作为校友代表发言，他说："我是法律系 63 级学生，学号是 6313015。63 是岁月流逝的纵向印记，13 是全校 18 个系的横向序别，015 是入学时的报到名次。这几个数字深深地印在我的脑海里，是我人生轨迹中重要的一个坐标。无论何时何地，它告诉我，你是北大人。"离开母校后，老聂长期从事政法工作，经常处于同刑事犯罪的严酷斗争中，经常处于同腐败分子及邪恶势力的较量中，无论情况怎样艰难，无论环境怎样复杂，始终坚守一个信念：我是北大人，不能给母校丢脸，要为母校争光。北大是他的精神家园，母校是他一生的情结。

和多年做政法公安工作一样，老聂善于总结。他当会长期间，把做好校友工作用"四个一"概括：要有一个受众多校友拥戴的领头人，凝聚人心；要有一班热心又能干的人，满腔热情，甘于奉献；要有一伙慷慨乐助的人，提供经费支持；要有一群有情有义的人，对母校懂得感恩，对校友知道亲近。这些经验得到校友总会的首肯，被许多地方校友会借鉴。他担任会长十年间，是校友会搞得最红火的时期。现在校友们聚在一起，还怀念当时的美好时光。

老聂出身河南省洛阳市一户贫困家庭，父亲是印刷厂工人，母亲是家庭主妇，兄妹四人，他是长子，童年是在贫穷中度过。他天资聪颖，加上发愤苦读，1963 年考上北大法律系。五年寒窗阅读了大量书籍，打下扎实的理论功底。毕业后分配到昔阳县，在村办小学、公社中学教书，一待就是十年，把青春献给了昔阳，培养了一批人才。他家里穷，工作后的六、七年间，每月从工资中拿出二十多元替父亲还债，因此耽误了找对象。三十多岁才结的婚。女方见他穷，没要一分钱彩礼，从不埋怨，心甘情愿和他过一辈子。老聂回忆起来，觉得一生对不起老伴。文革结束后，国家落实知识分子政策，要求大学生归队。他是学法律的，一直在中小学当孩子王，不对口，到县里要求落实政策，一次次碰钉子。他有些不甘心，直接向中央办公厅写信，反映自己的情况。不到两个月，县里组织部找他谈话，说给中央写的信转下来了，县里决定调你到法院工作。他告别学校，从此走上仕途，先后历任县法院副院长、地区公安处副处长、检察院检察长、地委政法委书记、省委政法委副书记、省公安厅厅长等职。退休后，他撰写回忆录，先后出版《燕园一

书生 太行老警察》和《行路难》等书，总结自己的人生感悟。无论教书还是从政，老聂走过不少单位，也担任过大大小小领导职务。多年后，与他供过事的人议论起来，都说老聂为人正直无私，不曲意逢迎，不徇情枉法，恪守做人底线。

唐朝著名诗人宋之问诗云："百尺无寸枝，一生自孤直。"可以说，老聂用自己的一生践行了这句诗。

用心精至自无疑

阳春三月，春暖乍寒的季节，在山西大学的学术交流中心，一位温文尔雅的学者正在讲解民法典合同篇起草中的热点难点问题，来自全省各地的学者、法官、律师以及企业法律顾问认真聆听。然后，交流互动，畅所欲言，气氛热烈。饭点已过，大家继续分享自己的看法和观点，久久不愿离开……

这是山西省法学会民法学研究会组织的学术研讨活动。刚刚在第二届研究会获得连任会长的汪渊智先生，是山西大学法学院教授、博士生导师，在换届后立即组织学术交流，就民法典合同篇起草中有关问题做主旨发言，专家学者们提出建议和意见，发出山西声音，为我国第一部民法典出台建言献策。

汪教授与我是同龄人，由于从事同一行当，加之脾气性格相投，来往较多，一起参与学术活动，一起论证疑难案件，一起参加论文答辩。汪老师给人的印象是温文尔雅，说话慢条斯理，声音不高，但逻辑性很强，举手投足间显示出一派学者风范。

2016年春天，汪教授在北京大学出版社出版专著《代理法论》。书出来后，专门送了我一本。仔细阅读，有豁然开朗之感。关于代理制度方面，国内民法学界论文倒是不少，但专著似乎没有。汪教授花费数年时间，查阅国内外大量资料，对代理制度的理论基础和制度构造进行详细深入的研究，全面梳理现行代理法律制度的内涵，剖析存在的问题和缺陷，为司法实践和立法提供了针对性强的解决方案和立法建议。这本书资料翔实，逻辑缜密，阐述深刻，见解独到，体现出汪教授扎实的法学功底和深邃的学术见解。可以说，这本书填补了国内代理法律制度研究的一项空白，为山西法学界赢得荣誉。

2017年夏天，一家省直单位委托汪教授组织案件论证会，邀请我参加。案件历经数年，聘请律师反复研究，几次审判，仍不服。争论焦点主要是担保责任承担问题。担保问题比较复杂，共同担保、混合担保、人保财保，交织在一起。如何理清关系，分清责任，需要智慧和经验。汪教授组织大家集思广益，从不同角度，分析研究法律规定和司法解释，借鉴相关案例，最终理清思路，提出操作性强的对策。委托单位非常满意。汪教授深厚的法学素养和沉着冷静的学术态度，使我很受启迪。

近年来，社会兴起微信公众号。为了更好地弘扬民法学，汪教授在网上注册了"民法茶座"，经常登载梁慧星、王利明、杨立新等大家的文章，传播民法最新学术动态，详解最前沿的学术思想，让大家足不出户便知民法天下事。有的群友偶尔传播一些无关内容，汪教授立即严肃指出，要求删除，充满对公众号维护关爱之情。汪教授经常鼓励学界同仁撰写文章，发表意见，搞活学术争鸣。我结合审判工作和参加研讨会，撰写一些学术文章，汪教授主动在群里刊登，大力传播，使我深深感动。

2019年夏天，山西省人大组织专家学者研讨如何治理高空抛物坠物损害问题。汪教授的发言高屋建瓴，视野宏大，从刑事、行政、民事诸方面进行论述，见解深刻，建议具体，操作性强，表现出一名法律学者的深厚专业素养。

汪教授出生于20世纪60年代中期，青少年在山清水秀的宁武县度过。80年代初，经过刻苦学习，考上山西大学法律学系，毕业后留校任教。21世纪初，到著名学府英国剑桥大学法学院做访问学者，深造学习。后来又在对外经贸大学攻读博士学位，进一步提高自己。汪教授主要从事民法教学和研究，长期担任法学院副院长、硕士生导师，三十多年为全省乃至全国培养了近万名学生，在《法学研究》《中国法学》《政法论坛》等国家级刊物上发表40多篇论文，出版《民法总论问题新探》《侵权责任法学》《比较法视野下的代理法律制度》等著作，在物权法、合同法、侵权责任法领域多有建树。他还多次主持全省社会科学课题并获奖，在法学界产生广泛影响。他先后获得山西省首届杰出中青年法学家称号和山西大学敬业奖教金等荣誉。在繁重的教学之余，他组织学术交流活动，担任山西省法学会民法学研究会会长、省人大常委会立法咨询专家、省政府法律顾问、山西大学学术委员会委员等职务，邀请国内权威专家传经送宝，交流互动，提高山西省学术水平。

民法学内容庞杂，理论博大精深，实践性强，号称社会生活的百科全书。学法律的人都知道，民法学最难学，没有刻苦钻研的精神，没有丰富的社会生活经验，是学不好的。汪教授两耳不闻窗外事，一心只读圣贤书。三十多年如一日，如饥似渴地钻研民法学，阅读了大量经典著作，撰写了近百篇论文，出版多部法学著作，积淀下深厚的法学素养。许多同学、同事下海经商，或者当律师赚钱。他不为所动，静得下心来，守得住清贫，耐得住寂寞，终于做出一番成就，成为民法学界的大咖，被大家称为"山西的梁慧星"。唐朝诗人方干诗云："用心精至自无疑，千万人中似汝稀。"发奋进取，努力钻研，勇于实践，就会获得大量知识，懂得很多道理，迸发出超人智慧，成为大智大慧之人。汪教授用自己的行动很好地诠释了这句诗。

愿汪教授继续为我国民法学贡献他的聪明才智！

马跃进，酿成千顷稻花香

初夏午后，在山西财经大学修德楼一间教室里，一位研究生正在讲台上侃侃而谈，结合案例讲解公司股权治理结构，十几名学生聚精会神地听讲。旁边坐着一位端庄而慈祥的老师，耐心倾听学生的发言，并不时提问，同学们认真回答。讲解结束后，这位老师请我点评……

这位老师正是山西财经大学法学院原院长、博士生导师、教授马跃进先生。他正在给研究生上案例分析课。同学们每两人一组，结合实践中发生的股权治理结构案例，根据公司法原理进行研讨，提出自己的意见和建议。为了更好地了解司法实践，马教授邀请我点评，并讲解法院如何裁判。这是马教授和我的又一次学术合作。

我们相识于 21 世纪初，已有近二十年了。当时我刚从中国政法大学研究生院毕业，回到单位上班。山西省经济法研究会组织召开学术研讨会，省法院王世荣副院长推荐我参加。马教授是会长，负责学术研讨会筹备。经常在一起开会，一来二去就熟悉了。他见我热心参与学术研讨，便推荐我担任常务理事兼副秘书长，负责联系法院系统事宜。21 世纪最初几年，我接连承办了几起煤矿承包合同纠纷案件，发现许多问题没有法律规定，或者法律规定不明确，最高人民法院也没有司法解释，造成司法实践中无法可依，法院不好审判。于是，我到处查阅国务院制定的行政法规和国土资源部出台的部门规章以及规范性文件，研究立法精神和条文内涵，搜集类似案例，借鉴兄弟省市法院的判决。同时，主动请教马教授，就煤矿承包合同的效力认定、违约责任以及损害赔偿等问题认真探讨。后来，我结合办案情况，撰写了《论采矿权的法律性质》一文，又征求马教授意见。他认真提出许多建设性见解，为文章增色不少。随后，推荐我在全省经济法研讨会上做专题演讲，引起强烈反响。这篇文章被评为山西省改革开放三十年经济法学研究一等奖。

2008年上半年，结合几年来的办案体会，我和赵斌高级法官计划编写一本关于采矿权案件审理方面的书籍。当时这类文章和书籍很少，只有中国政法大学江平教授、李显东教授编著的书和全国人大常委会法制工作委员会河山等人撰写的一些文章。美国、加拿大、澳大利亚等产煤国有一些法律规定和论述文章，但翻译成中文的很少。我们不灰心、不气馁，边写边讨论，磕磕绊绊，花了大半年时间终于完稿了。书名定为《矿业权理论和审判实务研究》，前半部分介绍矿业权概念、特征和种类，借鉴国外的经验，后半部分结合办案体会总结归纳自己的审理经验，提出一些意见和建议。书稿出来后，我请马教授作序。他非常谦虚，说自己对这方面研究不深，请我国经济法学权威、北京大学法学院教授、博士生导师杨紫烜先生代为作序。书出版后，他积极宣传，给予较高评价。这种不计名利、甘为他人作嫁衣、提携后学的精神，很是让人感动。2011年秋天，我把参加工作以来撰写的学术文章和心得体会汇编成册，冠之名《林音踪迹》，共29篇20多万字。我又请马教授作序。他毫不犹豫地应允了。在繁忙的教学和行政管理事务之余，把我送过去的书稿逐字逐句阅读一遍，指出书中的一些问题和不足，并撰写了两千多字的序。他写的序态度真挚，言语恳切，评价中肯，期望殷殷，充满了朋友之间的真情厚谊。2013年冬天，最高人民法院组织评选第三届全国审判业务专家。在大家的鼓励下，我把近十年发表的论文和出版的书籍整理出来，经过单位审核后，报送最高人民法院政治部。马教授不仅认真撰写推荐材料，而且精神上给予极大的激励。最终以高票入围，顺利当选。这也是对我从事审判工作二十多年的充分肯定。这一荣誉里凝聚了马教授的许多心血。

马教授出生于20世纪50年代，随从军的父母在东北度过青少年。改革开放后，适逢国家恢复高考，他努力拼搏，认真学习，考取山西大学，在政治学系上本科，法律学系攻读研究生，毕业后分配到山西财经学院（现山西财经大学）教书，一干就是十多年。他后来又在中国人民大学攻读法学博士学位，不断充实提高自己。他长期担任法学院院长和硕士研究生指导组组长，承担繁重的教学管理和学术组织工作，研究方向主要是企业法和公司法，先后出版了《公司法通论》《合作社的法律属性研究》等著作，主持多个教育部人文社会科学课题、国家社会科学基金项目，在《法学研究》《中国法学》等国家级期刊上发表30多篇论文，其中合作社法研究居于国内领先水平，撰写的论文多次获得省部级奖励。在教学管理和科研之余，积极开展学术活动，他先后担任中国法学会商业法研究会副会长、中国人民大学经济法研究中心兼职研究员、山西省经济法研究会会长等社会职务。马教授每年都组织学术交流活动，邀请全国经济法学权威和大咖们到山西传经送宝，开阔眼界，提高学术水平，为山西省经济法学研究做出重要贡献。

三十多年时间里，他守得住清贫，耐得住寂寞，一直坚守在教学岗位，默默耕耘，为全省乃至全国培养了上万名学生，可以说桃李满天下。现在已过耳顺之年，他仍然坚守在教学第一线，亲自带研究生，亲自授课，把一辈子积累下来的智慧和经验无私地传授给学生们。南宋大词人辛弃疾在《鹊桥仙·己酉山行书所见》中感慨："酿成千顷稻花香，夜夜费、一天风露。"马教授就像夜里的风露一样，滋润着飘香的稻谷，看着丰收在望的千顷稻田而欣慰。是啊，人的一生中会有许多朋友，但真正心心相通，学术上相互促进的朋友并不多。虽然我比马教授小七八岁，受的教育不完全相同，对一些事物和问题的认识不完全一致。但丝毫不影响我们交往，尤其是学术上交流。马教授性格温和，遇事不急不躁，有条有理，非常适合从事教学。反过来，常年的教学生涯养成了马教授温文尔雅的性格。著名教育家叶圣陶说过：温文尔雅正是学者的态度。态度温和、举止优雅，别人才愿意与你相处，与你交流，才有可能成为朋友。马教授正是这样的学者。我想是马教授博大宽厚的人格魅力和严谨认真的教学风格，无形中感染着我，熏陶着我，让我心甘情愿与他长期相处、交流，成为知心朋友。

我为有这样的朋友和学长感到自豪！

用法治思维品鉴《水浒传》

——《水浒解"毒"》读后感

　　2019 年夏天，听说老朋友郭相宏教授在山西省图书馆做《法眼看水浒》系列讲座，我一下子兴奋起来。用法治思维品读《水浒传》，第一次听说。出于好奇，早早坐在文源讲坛的报告厅，洗耳恭听。那天讲的是梁山好汉与黑社会组织，用现代法治语言条分缕析梁山好汉的行为和做法，讲得妙趣横生，听得津津有味，留下深刻印象。这样的讲座持续了一年，共做了十讲，在省城引起热烈反响。今年上半年，郭教授把讲稿汇编成书，冠名为《水浒解"毒"》，由北岳文艺出版社出版发行。

　　书出来后，相宏教授送了我一本。细细读来，觉得越读越有味，越读越受启发。窃以为，《水浒解"毒"》这本书最大贡献在于填补了四大名著研究中的一项空白，即用法治思维研究《水浒传》。这是以前没有人做过的。对《水浒传》的研究，古有金圣叹，今有鲍鹏山、盛沛林、张望朝等专家学者，大都是从历史角度、文学角度研究解读的。从法治角度解读的不多，也有个别学者写过类似文章，但是，进行系统法治解读并成书的，据笔者所知，至今还没有发现。因此，相宏教授创新了一项纪录，法治研究《水浒传》第一人。

　　纵览全书，主要有以下几个特点。

　　一、观点新颖，见解独特。相宏教授本科、研究生都是法学专业，先后获得学士、硕士、博士学位，是我省第一个宪法学博士，前些年又获得博士后，担任太原科技大学法学院院长，教授、硕士生导师，从事法学教研二十多年，法学功底扎实深厚。自幼喜欢文学，尤其钟爱《水浒传》，阅读了各种版本，对故事情节、人物描写、写作手法了然于胸。正是具备以上两个条件，才能为讲座奠定坚实基础，形成自己独特的看法和观点。"替天行道、造反有理"是《水浒传》的主题，他从法律角度解读为自然法。自然法是一种观念、一种理性、一种道德追求，是人们对于美好生活的向往。中国式的自然法观念就是天道大于国法，法律如果不能惩恶扬善，维护公平正义，不符合道德伦理，就是恶法，恶法不是法，人们可以不遵守。法须良法，恶法非法。替天行道就是梁山好汉的意识形态。因此，替天行道成为梁山的自然法，成为好汉们的最高道德准则，解决了杀人放火、背叛朝廷的合法性问题。在此基础上，他提出一个重要命题，"替天行道是梁山好汉在江湖丛林和世俗权力之间选择的道德平衡点"，既能得到江湖的认可，又能得到官方的认可。这个观点为我们从法律角度解读《水浒传》提供了新视角、新高度，值得认真学习揣摩。

通过对《水浒传》中正义和法律的解读，他提出人权、皇权与公权是不一样的。皇权是一家一姓私利的集合，不能代表国家，更不能代表普天之下的苍生。人权是老百姓衣食住行、生老病死的各种权利，没有人权，公民就不能称之为法律意义的人，只是工具或奴隶。公权才是政府为公众、为社会服务的，要以保障人权为核心，才能称为善治，保障人权的法律才能称之为良法。《水浒传》中的皇帝只是维护皇族利益集团的代表，心中只有皇权，没有公权和人权。梁山好汉们反抗的是腐朽的皇权和滥用的公权，所谓的杀富济贫不过是打家劫舍，只是梁山小集团的自利自肥，并不关心普通民众的利益和生死，他们的替天行道并不是保障人权。这样的见解可谓振聋发聩，发人深省。为我们深刻理解梁山好汉的杀富济贫、打家劫舍，提供了新的见解。

二、条分缕析，阐述透彻。《水浒传》洋洋洒洒一百回 87 万多字，场面宏大、人物众多、关系复杂、故事情节曲折多变。单单是仔仔细细看一遍，已属不易。如果要认真研究，不阅读五六遍，没有几年的工夫是不行的。相宏教授在繁忙的工作之余，对《水浒传》情有独钟，深入细致研究。讲座分为十讲，分别从主流价值观、江湖规则、官场规则、法律与正义、女性及其命运、婚姻家庭法、梁山好汉与黑社会组织、职务犯罪、宗教与信仰、兴衰启示录等方面，进行认真细致的分析，阐述透彻，深受启迪。比如对梁山老大宋江的评价，他认为是草根逆袭的典型代表，有点像刘邦、朱元璋，总结出宋江的五大优势，义字当先，广结善缘；笼络人心，巩固班底；稳抓军权，屡立战功；忠孝节义，阳儒阴法；假借神力，自我神化。又如对林冲的评价非常到位，他认为林冲是忍者神龟，体制内外的两难者。老婆被高衙内调戏，自己又被高太尉陷害，仍然幻想在体制内发展，委曲求全，没有滥杀无辜的记录。林冲这种人现实中很多，他们有本事没平台，有抱负没后台，有心报国无力养家，青春耗尽，壮志难酬。林冲是大多数中年男人的真实写照。又如对李逵的评价，通过两次犯上，一次是挑战宋江，一次是挑战皇帝，认为李逵是梁山上骨头最硬的，不畏强暴，正直敢言，是梁山上唯一既敢于挑战江湖秩序，又敢于挑战皇权秩序的人。他扯诏谤徽宗，其实是对皇权秩序的蔑视。梁山好汉当中替天行道的精神，在李逵身上体现得最集中，最典型，也最危险，危害最大。再如将潘金莲的命运分析归纳为五部曲，反抗张大户、下嫁武大郎、移情武二郎、孽缘西门庆和毒杀武大郎，通过步步分析，从一个富有正义感的使女沦落为毒蛇女人的形象跃然眼前。他认为梁山好汉有一个共同的特点，就是与爱情无缘，王伦、晁盖、吴用、公孙胜、李逵、武松、鲁智深、史进等，都是无老婆、无家人、无家庭的"三无"人员，没有后顾之忧，所以放心大胆的造反。他对梁山好汉排座次的奥秘总结为七个方面，即综合实力、派系归属、武功战绩、故旧交情、血缘婚姻、道德评价和时代背景，非常到位，符合实际。

　　三、剖析黑帮，重构秩序。一部《水浒传》就是一部描写黑社会的历史，从单个人拦路抢劫到群体打家劫舍，到水泊梁山众人聚义，封一百单八将，成为有组织、有计划对抗朝廷的黑帮。自古就有"老不看三国，少不看水浒"的说法。一个山头就是一个黑帮，梁山就是最大的黑社会组织，其他还有少华山、桃花山、二龙山等大大小小十几个黑社会组织。黑帮盛行，造成逆向淘汰效应，违法的淘汰守法的，法律成为逐利的工具，社会形成了官、民、匪三元结构。这样的社会如何不乱？我们从《水浒传》中看到了人治下的官民对立，官府越强大，百姓越弱小；权力越张狂，百姓越愚昧；百姓越善良，官吏越恶劣；道德越高大，法治越渺小。当社会上充斥着道德说教时，说明法治越来越遥远。作者呼吁法须良法，治须善治，吏须廉吏，民须良民。要增强法治意识，用法治角度和眼光审视我们自身，这才是《水浒解"毒"》的意义所在。

四、检讨宗教，培育法治。作者在书中对道、佛、儒三教进行深刻剖析，认为诸神退位，忠义当先，虽然在许多情况下皇权会对三教有所求、有所用、有所依，但最终三教都依附于至高无上的皇权。在三教中，《水浒传》尊崇道教，贬低佛教，批判儒教。认为《水浒传》缺少宗教情怀，描绘一个信仰崩塌的世界，因此才造成礼崩乐坏，无法无天。道德是法律的标尺，法律是最低的道德。儒家强调秩序，佛家强调平等，道家强调自由，传统的儒道佛三教，凝合了自由、平等、秩序的基本价值，而这恰恰是法律追求的。

五、法治情怀，期冀良法。作者在最后一讲，从宏观上论述了梁山的兴衰，提出自己的期望。首先分析了梁山的四个阶段，在初创时期论述了王伦的功与过，在崛起时期论述了晁盖的生与死，在鼎盛时期论述了宋江的智与愚，在衰败时期论述了梁山的兴与衰。同时，阐述了梁山发展变化的四次转型，从打劫到造反，从造反到招安，从招安到报国，从报国到打手。在此基础上详细剖析了梁山兴衰的主要原因，取得胜利的经验主要是平等富贵的理想图景、替天行道的政治纲领、忠君报国的思想旗帜、人才荟萃的干部队伍、能力超群的领导人物和齐心协力的战斗团队。失败的主要教训包括德法尽失的腐朽王朝、专权谋私的权力集团、君国一体的愚忠思想、招安之后的道义缺失、不谋民生的自肥政策以及逆流而动的同类相残。最后，作者认为水浒是个大悲剧，个人、集体、国家、信仰四大皆空。当宗教、体制、好汉、民间都靠不住的时候，还会追求好汉的侠义吗？《水浒传》以文学的形式给我们以法治的启示，中国传统的专制集权体制经过两千年循环后，已经千疮百孔，死路一条。唯有抛弃人治实现法治、抛弃恶法实现良法，才是一个国家发展的正途。

六、语言诙谐，妙趣横生。《水浒解"毒"》语言方面最大特色就是诙谐幽默，妙趣横生，延续了《水浒传》的传统。全书没有长句子，都是短句子，而且口语化，可读性非常强。比如《水浒传》中充斥着各种暴力场面，充满了暴力崇拜和权力崇拜，作者总结为"暴力美学、屠杀快感"八个字。把最受委屈、最能忍耐的林冲形容为"体制内外的忍者神龟"；把帮助施恩与蒋门神争夺快活林酒店的武松形容为"黑吃黑打手";把动辄杀人、残暴凶狠的李逵形容为"嗜血狂魔";把仗义疏财、乐于助人的宋江形容为"散财童子";把为徽宗提供娱乐、消烦解闷的高俅形容为弄臣、佞臣、奸臣于一身的乱自上作的人物;把与徽宗偷情的李师师形容为后宫三千佳丽之外的一道"开胃野菜"等,非常传神、非常准确,让人过目不忘。这些精彩语言,折射出相宏教授深厚的文学功底、敏捷的思维。作者把《水浒传》比喻为一幅国人的精神自画像,每一个人都不同程度地存在着水浒情结、水浒印记。这些论述非常深刻,非常到位,是对我们民族内在精神的透视,值得认真反思。

燕园伴我学法律

　　离开燕园已经三十五年了，但脑子里时常会浮现图书馆读书、未名湖畔散步的情景，睡梦里偶尔映出急急忙忙赶往教室、生怕误课的囧样，抑或在五四操场上撒丫跑步打球的景象。其实，大学四年在漫长的人生中只不过很短的一段，然而却是独自走向社会的起点，是在知识海洋里遨游的时光，是与同学老师朝夕相处的岁月，因此脑海里烙下了深深的印记，以至终生难忘。

　　20世纪80年代初，经过三年寒窗苦读，有幸踏入北京大学校门，成为法律学系的一名学子。记得入校时，便赶上党的十二大胜利召开。这次会议是拨乱反正后召开的非常重要的一次会议，标志着国家迈入建设有中国特色社会主义新的政治轨道。学校组织全校新生在五四操场集中传达学习大会精神，党委书记和校长亲自参加，解读会议精神，并提出具体要求，以此作为我们的开学典礼。作为十七八岁的青少年，对于十二大的意义和作用，不甚了解，但能切身感受到气氛热烈，师生们精神饱满，热情洋溢地讨论学校的发展前景，怎么改革教学工作，提高老师待遇，改善学生伙食。对于从小县城来的我来说，印象最深的是每天能吃上红烧肉、红烧鱼、木须肉和宫爆鸡丁等，还有大量的素菜可选，价格也不贵。能吃上肉，能吃上包子，玉米粥随便喝，能去图书馆随便阅读，能到操场打排球踢足球，夏天可以游泳，冬天有暖气，不挨冻，还可以滑冰，仿佛进入天堂。生活档次一下子提高很多，自己暗下决心，决不辜负这美好的学习环境，勤奋进取，努力钻研，做一个有知识有文化的人。

　　北大培养的目标是理论研究性人才，因此特别注重理论教学。系里安排的前两年都是理论课，如中国共产党党史、马克思主义伦理学、逻辑学、法理学、中国法制史、外国法制史、中国法律思想史、西方法律思想史、中国宪法、西方宪法和苏东宪法等，后两年才学刑法、刑事诉讼法、民法、民事诉讼法、婚姻法、继承法、行政法和行政诉讼法等。感受最深的是曹三明老师讲授的《中国法制史》。他本科在山西大学学的历史，研究生在北大攻读法制史，奠定了雄厚的理论基础，他毕业后留校任教，中国法制史是法学主课，系里委派他给我们讲了整整一学年，从李悝的《法经》、商鞅变法、秦汉律、隋唐律到宋刑统乃至明清律，讲得深入浅出，生动有趣，不仅使我们复习历史知识，而且学到古代大量的法律内容，打下了扎实的法律功底。

王哲教授讲授的《西方法律思想史》则为我们拓宽了法学视野。苏格拉底的契约法、霍布斯的自然法、洛克的分权理论以及卢梭的天赋人权等，让人看到还有这么多的法律思想，值得学习研究。当时没有教材，课堂上都是老师念一句，讲解一句，学生们抄一句，两节课下来手写得都麻了，一个学期记了满满一大本笔记。考试也是以老师的笔记为准，因此，笔记记得如何，成为能否考好的关键。临近考试时，同学们互相借阅笔记，补充完善，然后完整准确地背下来，就能考个好成绩。后来，我在书店买了几册汉译世界学术名著中法律书籍，就包括《政府论》《论法的精神》《社会契约论》等，认真学习，慢慢体会巨人们的思想精髓。

宪法是一切法律之父。宪法学在法学中占有非常重要地位。系里为了让我们学好宪法，特意安排了中国宪法、西方宪法和苏东宪法三门课程，把古今中外的宪法通学一遍，可谓用心良苦。其中讲授中国宪法学的是肖蔚云教授，一名典型的南方人，不高的个子，结结实实，浓眉大眼，很有精神。他参与了八二宪法的起草制定，对宪法有深刻体会。给我们讲课时，他刚参加完宪法起草工作，兴致盎然地讲解宪法起草中一些问题的争论，透露许多细节，使同学们对抽象枯燥的理论问题产生好奇，加深了对宪法的理解。他与其他老师合著的《宪法学概论》是国内第一部高校宪法学教材，影响甚广。后来，他又参加香港、澳门基本法的起草工作，把主要精力投入到法律制定上，为落实"一国两制"做出重大贡献。

讲授民法学课的是魏振瀛教授。他与佟柔、王家福、江平被誉为"民法四先生"，受邀参与《中华人民共和国民法通则》的制定，并负责起草"民事责任"一章,为《中华人民共和国民法通则》的出台贡献良多。魏教授给我们讲民法课整整一学年。记得上课是在学二教学楼能容纳二百多人的一间大教室,不仅我们这一年级学生听讲,而且其他年级的本科生和研究生也来听课,甚至人大、法大的师生也会前来听讲。他一上课,偌大的教室挤得满满的。我们为了能有个座位,总是提前一个多小时去抢位置。我国的民法学是从前苏联移植过来的,术语抽象、逻辑严密、内容繁多、理论博大精深,不容易理解掌握。魏老师尽量用通俗易懂的语言和事例讲解,如民事行为能力、法人制度、民事权利、财产所有权、代理和民事责任等。这些深奥难懂的理论对于没有社会实践经验的学生们,确实是难为了。他与其他老师合著的《民法教程》是改革开放后较早的民法教科书,注重本国制度的纵向比较和外国民法的横向比较,对《民法通则》的起草制定产生一定影响。根据老师的讲解,我非常认真地学习一遍,但是对书中许多理论问题一知半解,不甚了了。平心而论,对民法课,用的功夫最多,但效果不明显。为了应付考试,唯一的办法就是背诵,背诵概念、特征、作用等。幸好那时记忆力超好,背了很多东西,算是打下了比较扎实的理论功底,为后来从事民商事审判奠定了良好基础。

同学们最感兴趣的专业课便是《刑法学》。刑法与人们日常生活密切相关,打架斗殴、偷盗抢劫、贪污贿赂、强奸轮奸乃至杀人放火,都需要刑法调整规范。给我们讲授刑法学课的是杨敦先教授。无论上课还是课外,他始终面带微笑,而且笑起来露出两个浅浅的酒窝,给人感觉非常亲切。同学们也愿意与他交谈。刑法总论部分理论性较强,分则部分都是具体罪名,主要是构成要件和注意的问题,好懂。杨老师重点给大家讲解刑法理论,如罪刑法定、罪责相适应、无罪推定以及犯罪构成理论等,用通俗易懂的语言讲解,比较好理解掌握。同学们课余对一些罪名,联系实际热烈讨论,印象深刻。杨老师长期担任刑法学科负责人,著有《中国刑法论》《新刑法施行疑难问题研究与适用》等书籍,为人才培养倾心尽力,贡献良多。

燕园四载,我们接触最多的,对我们影响最大的还是班主任刘守芬老师。她的专业是刑法学,教授、博导,出版有《刑法学概论》《刑事法律问题专题研究》等著作。但是没有给我们上过专业课,甚为遗憾。虽然是山东人，但性格温和，平易近人，遇到问题，同学们都愿意和她谈心。她总是耐心细心专心地解疑答惑，成为同学们眼里的"妈妈"。记得大三时，有一次我和宿舍同学因为生活习惯发生冲突，刘老师知道后，主动询问情况，循循善诱开导我，没有一丝批评语气，让我很是感动。毕业时，我向刘老师表达了想到法院工作的意愿，后来也没有再找她，结果如愿以偿。毕业后，班里每一次聚会，总是邀请她参加。刘老师无论担任繁忙的院党委书记期间，还是退休后，总是面带笑容参加。后来有了微信，建立班群，同学们又把刘老师拉入群里。她经常发送一些有趣又有益的文章，分享给大伙儿，使我们受益无穷。

人的一生能遇到受益终身的老师乃是福气。燕园四载，我们从授课老师身上不仅学到大量专业知识，而且懂得为人处事的许多道理，奠定人生发展方向。曹三明老师的热情助人、王哲老师的博学多闻、肖蔚云老师的乐观豁达、魏振瀛老师的严谨治学、杨敦先老师的平易近人，还有刘守芬老师的循循善诱，以及其他老师，给我、给同学们留下深刻印记。这种印记慢慢融化进血液里，指导我们做人处事。前些年，肖蔚云、魏振瀛、杨敦先老师先后逝世，自己就想写篇东西纪念可敬可亲的老师。由于种种原因，未能实现。2020 年时值清明节有三天假期，于是强迫自己静下心来，整理思路，写下这篇迟到的短文，算是对老师的赎罪，也是对自己的交代吧。

师恩永难忘!

蓟门桥边充电忙

在北京北三环有一座蓟门桥,附近有一通"蓟门烟树"石碑,是古帝都八景之一。据记载,清乾隆皇帝喜好吟诗作乐,寻幽访胜,一时雅兴大发,寻源到此,登高远望,只见绿树成荫,犹如林海烟云,即席题诗:"十里轻扬烟霭浮,蓟门指点认荒丘。"并立了石碑,从此远近闻名。新中国成立后,国家在此兴建了北京航空学院、北京钢铁学院、北京林业学院等许多学院,成为高等院校聚集之地。学院路一度成为高校的代名词。改革开放后,各学院先后升格为大学,各地莘莘学子云集此地,接受教育,人气颇为兴旺。

20世纪末,国家大力发展高等教育产业,对研究生实行扩招,面向公务人员招考录取,进校深造,提高素质。我在单位工作十多年,亟需更新知识,于是通过考试进入中国政法大学研究生院,成为首批法律硕士研究生。

中国政法大学就坐落在蓟门桥西南角落。80年代末本科生院移到昌平后,这里便只剩下研究生院。我在这里度过三年时光。由于还要照顾家人,因此每周京晋两地往返。当时太旧高速刚开通,乘坐大巴也要五六个小时,甚是辛苦。

给我们讲授民法学的是杨振山、李永军和费安玲三位老师。印象最深的便是杨振山教授。他是河南新野人,口音较重,讲起课来抑扬顿挫,很有味道。杨先生是民法学教授、博导,曾任民商法研究中心主任、罗马法研究中心主任,著有《中国民法教程》《从劳动论到民法本体论和立法思想》等。他原来从事政治经济学研究,后来转行研究民法学,两者结合迸发出思想火花,提出一些著名论断,如行政主体退位,民事主体就位是社会主义市场经济的先决条件;只有解决国家进入公司的问题后,才能建立独立自主的现代企业制度,使国企获得竞争力。杨教授在充分阐述古代中国民法何以不发达的原因后，提出民法以人为中心、以权利为基点、以行为为手段、以责任为保障，构建我国的民法体系。民商法是社会主义法治建设的支点。杨先生还总结了罗马法对人类社会的贡献，认为法治理念与设计是罗马法的灵魂，不以理性自然为最终目标，而是以之为原理，以在世俗社会推进法治为最终目标。罗马法传统在现代法律变革中仍起着重要作用。在讲课中他把自己的观点和思想毫无保留地传授给我们，令人耳目一新，深受启发。现在来看，他的民法思想仍然具有很强的借鉴意义。他和费安玲教授等人共同研究罗马法，成立罗马法研究中心，担任首任主任，组织一些中外研讨活动，促进我国对罗马法的学习借鉴，为我国赢得了很高声誉。杨先生由于疾病原因，不到七十就离开了人世。我们再也没有机会聆听他的教诲。

李永军是山东滨州人，瘦高的个子，白净的面庞，鼻梁上架着方框眼镜，配上干净的白衬衣和笔直的黑西裤，是女同学心目中的男神。李老师很有个性，上第一课就约法三章，不准迟到、不准随意进出教室、不准手机铃响。李老师对学问非常认真严谨，一丝不苟。他上的是物权法，在课堂上非常努力地把从国外引进的物权行为理论、用益物权、担保物权等这些抽象难懂的理论讲清楚，由于当时我国没有丰富的社会实践，案例也很少，同学们听不大懂，现在想想确实难为他了。他是一名学霸型的学者，一路学习研究，1995年获得博士后优秀研究奖，成为教授、博导，先后担任中国法学会民法学会副会长、中国政法大学民商经济法学院副院长、北京市政协常委等职，著有《合同法》《民法总论》《破产法律制度：清算与再建》等书。毕业十多年后，我回到法大进修，李老师又给我们讲授物权法理论，理论联系实际，好懂多了。客观地讲，民法学界经过二十多年的消化吸收，结合我国经济发展的丰富实践，对物权理论进行本土化改造，为《物权法》的制定出台奠定了基础。

费安玲是北京满族人，从本科到硕士、博士，都在中国政法大学学习，也是一名典型的学霸，取得博士后，又到意大利、德国和美国的著名大学深造，具有深厚扎实的民法学功底。她著有《中国物权法教程》《中国侵权责任法教程》《著作权法教程》《罗马法私法学》《罗马继承法研究》等书。她给我们讲授知识产权课。虽然时间不长，但收获颇多。每次讲课前，她都要求我们预习下次讲的内容，对不懂的内容提前准备好在课堂中提出来，她针对性讲解，使同学们掌握的知识非常牢固。

听了三位老师的课，我对民法有个新的认识。毕业后，直接从事民商事审判十多年，每天办案，听的、问的、想的、琢磨的，都是民商事案件。两者相结合，我对民商法体验更深。特别是审理了新类型和比较复杂的案件后，总结经验，查阅资料，撰写文章，还经常参加一些全国性研讨会，听取著名学者和高水平法官的见解，感觉那些年审判水平提高很快。

给我们上刑法学的是何秉松教授。他淡泊名利，严谨治学。20 世纪 50 年代初从北京大学法律学系毕业到北京政法学院从教后，把一生奉献给法大，60 多年培养了 50 多名博士、80 多名硕士，以及大量本科生。何先生创立的法人刑事责任理论，成为我国司法实践的理论依据，提出的中国特色刑法理论体系，得到广泛承认。他著的《刑法教科书》是高等院校最富有特色的教材。何先生是广西桂平人，南方口音较重，说的许多话，我们都听不懂，于是就认真研讨他写的这本教材，竟有豁然开朗的感觉。他提出的犯罪构成系统论、人格化社会系统责任论以及人权防卫论，印象深刻，深受启迪。2019 年 2 月，何秉松先生逝世，享年 87 岁。我填了一首蝶恋花，以悼念敬爱的何老师："身赢体衰青松健，聪慧才智，名校法学研。俨然温厉三代人，耕耘杏坛七十年。法人犯罪谱新篇，自筹资金，承办大论坛。无欲淡泊求学问，正直优雅自尊严。"〔1〕

指导我硕士论文的是韩象乾教授。她于 20 世纪 60 年代中期北京政法学院毕业后留校任教，从事法律教学科研，和樊崇义老师结婚后，夫妻两人共同为我国培养了一大批法律人才，可以说桃李满天下。韩老师的专业是民事诉讼法学，著有《民事诉讼法案例》《民事证据理论新探》《强制执行立法的探索与构建》等书。她和蔼可亲，待人热情。记得我硕士论文的题目是《论审判长选任制》。第一次到她家里，请教撰写提纲时，只见满屋子都是书籍，在窗角边放着一张桌子两把椅子，很是局促。她让我坐下，耐心地听我讲述撰写论文的思路和素材，然后提醒我结合法院改革的实践，运用实证分析方法，阐述到位，讲清利弊，有针对性地提出建议和对策。后来我的论文

---

〔1〕 任生林：《林音词韵》，北岳文艺出版社 2020 年版，第 260 页。

答辩时，顺利通过并被评为优秀，收藏在学校图书馆里，后来在《法治日报》上摘要发表。

在首都学习的几年，正处于我国建立与社会主义市场经济相适应的法律体系关键时期，尤其是民商法方面，国家颁布《合同法》，对物权法和侵权责任法的研究如火如荼，气氛热烈，引进和消化许多先进的理论和经验，促进了我国物权法和侵权责任法的立法进程。我通过系统学习，开阔了眼界，更新了知识，为后来从事民商事审判奠定了扎实基础。同时，结识了许多同学。与他们相互交流，相互切磋，获益匪浅，也结下深厚友谊。陆敏是我们的班长，同时担任《政法论坛》副主编。他待人热情，乐于助人，主动为大伙儿服务。经常搞一些活动，促进同学之间互动。同学们有啥困难，也愿意找他帮忙。后来有了微信，建立了班级群，交流法律，共同成长。

时光如白驹过隙，一晃二十年过去了。但上课的情景时常在眼前浮现，犹如昨天发生。是啊，人的一生求学经历往往印象最深，感受也最多。大多数人工作以后不会有长时间接受系统教育的机会了，因此，大家非常珍惜学习机会，努力钻研，掌握更多的知识，为国家服务。

走上社会，方知校园生活的美好；经过洗礼，才知道师生情的可贵。

参考文献

（一）著作类：

1. 李贵连、李启成：《中国法律思想史》，北京大学出版社 2010 年版。

2. 刘广安：《中国法律思想简史》，高等教育出版社 2007 年版。

3. 张晋藩：《中国法制史》，商务印书馆 2010 年版。

4. 张国华：《中国法律思想史新编》，北京大学出版社 1998 年 版。

5. 杨鸿烈：《中国法律思想史》，商务印书馆 2020 年版。

6. 何勤华：《中国法学史》（第二卷），法律出版社 2000 年版。

7. 黄源盛：《中国法史导论》，广西师范大学出版社 2014 年版。

8. 朱力宇：《彭真与我国的社会主义民主法制建设：国内关于彭真民主法制思想的研究》，中国人民大学出版社 2014 年版。

（二）期刊文章类：

1. 李宁、姜玉山：《谈李悝和他的〈法经〉》，载《长春师范学院学报》1996 年第 2 期。

2. 马纳、马斗成：《〈荀子〉"礼、法"思想试探》，载《青岛大学师范学院学报》2005 年第 2 期。

3. 石松：《光影相生：清代佚名〈狄公案〉与高罗佩〈大唐狄仁杰断案传奇〉之比较》，载《名作欣赏》2016 年第 3 期。

4. 谢水顺：《论柳宗元法律思想的特点》，载《法制博览（中旬刊）》2012 年第 6 期。

5. 刘富起：《白居易的法律思想评介》，载《吉林大学社会科学学报》1981 年第 5 期。

6. 张辉：《中唐文人法律思想探析——以韩愈、柳宗元和白居易法律思想为代表》，载《黑龙江教育学院学报》2014 年第 12 期。

7. 李明德：《程颢程颐的法律思想》，载《徐州师范大学学报（哲学社会科学版）》1993 年第 3 期。

8. 何勤华：《简论丘浚的法律思想》，载《法学论坛》2000 年第 2 期。

9. 辛贵强：《元好问与恩师郝天挺》，载《陵川新闻》2020 年 1 月 10 日，第 4 版。

10. 张梅秀：《新见杨深秀佚文三篇》，载《史志学刊》2003 年第 3 期。

11. 梁锦秀：《维新志士杨深秀》，载《文史月刊》1996 年第 3 期。

12. 李军：《沈家本法律思想初探》，载《理论导刊》2002 年第 7 期。

13. 杨树林：《王用宾司法党化思想刍议》，载《湖北警官学院学报》2013 年第 4 期。

14. 赵清明：《冀贡泉与山西近代法学教育之发展》，载《中央民族大学学报（哲学社会科学版）》2010 年第 3 期。

15. 章琪锋：《郁曼陀先生血衣冢志铭》，载《浙江档案》2014 年第 1 期。

16. 董安全：《董必武的法治思想探析》，载《法制与社会》2009 年第 29 期。

（三）论文类：

1. 刘小温：《侯马盟书试探》，四川师范大学 2010 年硕士学位论文。

2. 李毅婷：《魏晋礼法之士与晋律》，山东大学 2007 年硕士学位论文。

3. 孙璎珞：《朱熹法律思想研究》，山东大学 2007 年硕士学位论文。

4. 杨彬：《严复人权法律思想研究》，安徽大学 2013 年硕士学位论文。

5. 朱作鑫：《郑观应的法律思想》，华东政法学院 2006 年硕士学位论文。

6. 张阳：《沈家本法律思想研究》，山东大学 2009 年硕士学位论文。

7. 李义发：《梁启超法律思想的演变》，安徽大学 2006 年硕士学位论文。

8. 吴雪飞：《宋教仁法律思想研究》，青岛大学 2012 年硕士学位论文。

9. 亓同惠：《章太炎法律思想研究》，山东大学 2007 年硕士学位论文。

10. 杜力：《董必武法治思想研究》，西北大学 2019 年硕士学位论文。

11. 张桥飞：《彭真法制思想研究》，中国石油大学 2007 年硕士学位论文。

12. 来中华：《张友渔社会主义民主法治思想研究》，重庆交通大学 2019 年硕士学位论文。

后 记

　　人生就是一场漫长的修行，不断发现缺陷和不足，不断改正和完善，才能提高自己。在本书写作过程中，与古人神交，和今人对谈，发现自己太多的问题，聆听许多教诲，得到众多启示。这也算是一次修行吧！

　　感谢我国著名诗人、学者、山西省人大常委会原副主任李玉臻先生，感谢《山西市场导报》总编韩锡璋先生，感谢《山西晚报》副刊部主任白洁女士，感谢山西财经大学法学院教授郭相宏先生！

　　感谢中国政法大学出版社编辑刘晶晶女士为本书付出的辛勤劳动！

　　最后，感谢爱妻张康梅女士，感谢默默支持的家人们！

2023 年 5 月